Patria von Konstantinopel

OPUSCULA

11

In der Reihe OPUSCULA sind bisher erschienen:

Bd. 1: Julian Apostata: Rede zu Ehren der Kaiserin Eusebia (2021)
ISBN 978-3939526-44-5

Bd. 2: Symeon Seth: Fabelbuch (2021)
ISBN 978-3-939526-46-9

Bd. 3: Periplus Maris Erythraei (2021)
ISBN 978-3-939526-47-6

Bd. 4: Plutarch: De fluviis (2022)
ISBN 978-3-939526-50-6

Bd. 5: Arrianos / Anonymus: Periplus Ponti Euxini (2022)
ISBN 978-3-939526-51-3

Bd. 6: Plutarch, Freunde und Feinde (2023)
ISBN 978-3-939526-53-7

Bd. 7: Cassius Iatrosophista, Fragen und Antworten zur Medizin (2023)
ISBN 978-3-939526-55-1

Bd. 8: Apuleius, Amor und Psyche (2023)
ISBN 978-3-939526-56-8

Bd. 9: Antigonos: Sammlung sonderbarer Geschichten (2023)
ISBN 978-3-939526-57-5

Bd. 10: Aristoteles/Psellos: Wundersame Hörstücke (2023)
ISBN 978-3-939526-60-5

PATRIA
VON KONSTANTINOPEL

Text, Übersetzung und Kommentar
von Margarethe Billerbeck

Kartoffeldruck-Verlag
Speyer 2023

Bibliografische Information der Deutschen Nationalbibliothek

Die Deutsche Nationalbibliothek verzeichnet diese Publikation in der Deutschen Nationalbibliografie; detaillierte bibliografische Daten sind im Internet über http://dnb.d-nb.de abrufbar.

Der Kartoffeldruck-Verlag publiziert zum reinen Selbstkostenpreis Bücher, die in jeder Buchhandlung bestellt werden können – insbesondere für Expertinnen und Experten in Altertumswissenschaft und Schule.

www.kartoffeldruck-verlag.de
ISBN 978-3-939526-62-9

Inhaltsverzeichnis

Einleitung 7

Text und Übersetzung 14/15

Kommentar 49

Bibliographie 81

Einleitung

Unter dem Namen Πάτρια Κωνσταντινουπόλεως (*Patria von Konstantinopel*) ist eine Textsammlung auf uns gekommen, mit deren Eigenart sich in der überlieferten griechischen Literatur nichts direkt Vergleichbares findet. Im Gegensatz zu den Lokalgeschichten einzelner Landschaften und Regionen, wie sie besonders in hellenistischer Zeit verbreitet waren und aus deren Gattung uns zahlreiche Titel bekannt sind (*Bithyniaka*, *Makedonika*, *Rhodiaka* usw.), konzentrieren sich die *Patria* auf eine einzige Stadt, in diesem Fall Konstantinopel und ihre Vorgängerin Byzantion. Ausgangspunkt ist auch hier, vergleichbar mit den Schriften über κτίσεις, die Gründung der Stadt, aber diese bildet nur ein Element im Repertoire der behandelten Themen: Topographie, Toponymie und Namensetymologien, lokale Mythen und Legenden, Kulte, Mirabilien, Bauten und deren Stifter, militärische Auseinandersetzungen mit den Vorbewohnern und Nachbarn, politische Institutionen und zivile Einrichtungen. Die angesprochene Leserschaft sind die Lokalbevölkerung und auswärtige Besucher, welche die Vergangenheit der Stadt erfahren möchten, auf deren Spuren sie beim Gang durch das Neue Rom begegnen. Ein Verdikt wie «Die Bedeutung [...] für die Lokalgeschichte wird durch die zahlreichen fiktiven Etymologien und läppischen Anekdoten stark reduziert» (Hunger [1978] 537) wird den Absichten des Patriographen nicht gerecht, liegt ihm doch neben Belehrung ebenfalls daran, den Leser zu unterhalten. Nicht anders, wenn im Stil auch gehobener, nimmt sich die im Geist der Zweiten Sophistik periegetisch gestaltete ‹Fahrt auf dem Bosporos› (*Anaplus Bospori*) des Dionysios von Byzanz aus.

Das Corpus der *Patria* ist eine Kompilation von Einzelschriften, deren Anordnung seit der zweibändigen Ausgabe

von Theodor Preger (1901–1907) kanonisch geworden ist. Den Anfang bildet ein historischer Überblick von der Gründung Byzantions (um 660 v. Chr.) bis zur Neugründung von Konstantinopel durch Konstantin den Grossen (330 n. Chr.). Dieser Abriss geht auf Hesychios Illustrios aus Milet zurück, der eine Weltgeschichte (Κοσμικὴ ἱστορία) verfasste und im sechsten Buch – so die Mitteilung in der *Bibliothek* (Cod. 69) des Photios (9. Jh.) – den Exkurs (?) über Konstantinopel, seinen Wirkungsort, einfügte. Überliefert ist dieser Teil unter dem Titel Πάτρια Κωνσταντινουπόλεως κατὰ Ἡσύχιον Ἰλλούστριον im Heidelberger Codex Palatinus 398 (= P, Ende 9. Jh.); doch macht alles den Anschein, es handle sich dabei um eine Epitome bzw. eine Neufassung des ursprünglichen Textes.

Den zweiten Platz des Corpus belegt die Schrift Παραστάσεις σύντομοι χρονικαί (*Kurze historische Notizen*), eine Sammlung anonymer Texte aus justinianischer Zeit bis ins 8. Jh. über Gebäude, Monumente, Statuen und verschiedene Altertümer. Daran schliesst sich die *Erzählung über die Erbauung der Hagia Sophia* (Διήγησις περὶ τῆς ἁγίας Σοφίας), wo in die reale Baugeschichte der Kirche auch zahlreiche Legenden eingewoben sind. Auch hier bleibt die Datierung unsicher; doch dürfte die vorliegende Fassung, in welche offenbar ältere Quellen eingeflossen waren, nicht über das 9. Jh. zurückgehen.

Hesychs *Patria*, welche sich in der Hauptsache dem antiken, heidnischen Byzantion widmeten, fanden im 10. Jh. ein Revival und eine Fortsetzung. So übernahm der anonyme Patriograph die Vorgeschichte (§§ 1–36) wörtlich, erzählt in Erweiterung der letzten Passagen (§§ [39–42]) die römische ‹Übergangsphase› der Stadt nach der Eroberung durch Septimius Severus und dessen Verdienste um den Wiederaufbau, um dann weit ausholend die Gründung von Konstantinopel als Neu-Rom mit allen politischen und zivilen *atouts* einer östlichen Kapitale darzustellen. Die Zuschreibung dieses Teils (§§ 37–73) an einen weiter nicht bekannten Georgios Kodinos beruht lediglich auf der Notiz in einigen Handschriften des 15./16. Jhs.

In die Sammlung eingegangen sind ferner eine Schrift *Über Standbilder* (Περὶ στηλῶν), und eine *Über Bauten* (Περὶ κτισμάτων), deren Verfasserschaft der Patriograph für sich beansprucht (§§ 62. 71. 73) und deren Titel wie Inhalt uns an Prokops gleichnamiges Buch aus justinianischer Zeit erinnern.

Das Corpus der *Patria*, dessen überlieferte Fassung aus dem 10. Jh. stammt, war im mittelalterlichen Byzanz offenbar beliebt; in rund sechzig Handschriften auf uns gekommen, beweist es eine weite Verbreitung. Gegenstand des hiesigen Bandes sind die *Patria* im engeren Sinn, also die Gründungsgeschichte von Byzantion, welche auf Hesychios zurückgeht, und die Neugründung als Konstantinopel durch Konstantin den Grossen, wie sie Pseudo-Kodinos darstellt.

Über Hesychios von Milet ist kaum etwas bekannt. Sein aktives Leben verbrachte er wohl in Konstantinopel und dürfte dort um 530 gestorben sein. Von seiner *Universalgeschichte,* welche mit dem Tod von Anastasios I. (518) endet, ist schon die Rede gewesen. Ein weiteres Werk ist der *Onomatologos*, der aber bereits Photios lediglich als Epitome vorlag. Es handelt sich um eine lexikonartige Sammlung paganer griechischer Schriftsteller, die später – wie die Auszüge in der *Suda* zeigen – durch interpolierte Einträge über christliche Autoren erweitert wurde. Als Angehöriger der gebildeten Oberschicht dürfte er dem Kult der alten Götter treu geblieben sein, sich aber auch bei den Christen mit dem Exkurs über Byzantion und dessen grosse mythische Vergangenheit einen Namen gemacht haben (dazu Kaldellis 2005, bes. 395–398).

Hesychios kündigt seinen Exkurs im Chronistenstil mit der Zeitspanne an, welche er zwischen der Alleinherrschaft des Augustus im alten Rom und Konstantins Gründung der Νέα Ῥώμη auf 362 Jahre bemisst. Was in dieser Zeit am Bosporos geschah, wird er im gerafften Schlussteil (§§ 33–36) auf die Machtergreifung der Römer, die Eroberung der Stadt durch Septimius Severus, deren Wiederaufbau und zeitweilige Umbenennung in Antonina reduzieren. Sein Hauptinteresse

gilt, wie er verspricht, der Urgeschichte von Byzantion. Auf namentliche Quellenangaben verzichtet er und spricht allgemein von alten Dichtern und Historikern (§ 2 ἐκ τῶν ἀρχαίων ποιητῶν καὶ συγγραφέων), aus welchen er geschöpft habe. Gewiss wird man für Mythen und Lokallegenden mit mündlicher Tradition rechnen müssen; das gilt sicher für die Gründungssage mit Io, ihre Verwandlung in eine Kuh und entsprechende Funktion als Namensgeberin der Wasserstrasse (Bosporos), für Byzas als Eponym der Stadt, für das Gründungsorakel und die Megarer als erste Kolonisten am Goldenen Horn. Freilich zeigen auch thematische, gar wörtliche Übereinstimmungen (§§ 3–4. 6–9) mit dem *Anaplus Bospori* des Dionysios von Byzanz, dass Hesychios diesen periegetischen ‹Bestseller› aus dem 2. Jh. sehr wohl kannte und auszuwerten wusste. Nicht mit Sicherheit zu bestimmen ist hingegen, ob unser Verfasser aus seinem Zeitgenossen Johannes Lydos schöpfte oder ob das Abhängigkeitsverhältnis umgekehrt ist (§ 35). Gelegentliche Ähnlichkeiten mit dem Chronisten Malalas und dem Lexikographen Stephanos überraschen kaum; sie dürften in der justinianischen Metropole allgemeines Bildungsgut gewesen sein.

Zwar nehmen in Hesychs *Patria* Mythos und Legende einen breiten Raum ein, aber den chronologischen Faden hat der Historiker dabei nicht vergessen: Megarische Kolonisation, Kampf mit den umwohnenden Barbaren, Amtsherrschaft der Strategoi, erfolglose Belagerung durch Philipp II. von Makedonien, Römische Machtübernahme, Eroberung durch Septimius Severus und Wiederaufbau der Stadt, Konstantin der Grosse und Gründung von Konstantinopel. Ideologischer Unterbau des Exkurses, wenn wir das so nennen wollen, ist die *Romanitas*, welche auch in der neuen Kapitale der östliche Reichshälfte präsent bleibt: Byzas und Strombos sind feindliche Brüder wie es Romulus und Remus waren (§ 18); die Abfolge von sieben Strategen (s. zu § 21) spiegelt die sieben mythischen Könige Roms; die bellenden Hunde verhindern die Eroberung der Stadt durch Philipp II., wie es in Rom beim

Galliersturm die Gänse auf dem Kapitol machten. Geradezu ein revisionistischer Kraftakt ist hingegen die Darstellung, wie Septimius Severus, der Eroberer und Zerstörer, sich zum Erneuerer und Förderer der Stadt wandelt. Man geht wohl richtig, in dieser Neu- bzw. Umdeutung der damaligen Ereignisse einen Kunstgriff des Verfassers zu sehen, um Konstantinopels Kontinuität aus Mythos und ferner Vergangenheit bis in die historische Realität verständlich zu machen und im Wiederaufbauprogramm des Septimius Severus gleichsam eine Vorwegnahme der konstantinischen Neugründung zu sehen. Dass, wie in den *Patria* berichtet, der christliche Kaiser unvollendet gebliebene Bauten (z. B. Hippodrom) des heidnischen Vorgängers zum Abschluss brachte, passt in das Konzept einer «triade de fondateurs», wie es Dagron (1984) ausführlich darlegt. In Form einer Ringkomposition, im Ausblick auf die Gründung Konstantinopels und deren Prachtentfaltung unter Konstantin beschliesst der Milesier seinen Exkurs.

Photios kommt im Referat über die *Universalgeschichte* des Hesychios auch auf Sprache und Stil des Autors zu sprechen: Er schreibe bündig und gut (σύντομος καὶ καλλιεπής), wisse dem klaren Ausdruck Farbe zu verleihen (λέξει ἀνθηρᾷ καὶ εὐσήμῳ κέχρηται) und verstehe den Satzbau. Er finde jeweils das richtige Wort (κυριολογία); und wenn er Metaphern gebrauche, sich mit Nachdruck äussere, höre man ihm gerne zu, denn an Klarheit verlören seine Worte nichts. Liest man den Exkurs, wie ihn die Heidelberger Handschrift (P) überliefert, bleibt als Haupteigenschaft ein flüssiger Erzählstil in Erinnerung; das dürfte allerdings auch einem kompetenten Epitomator zu verdanken sein.

Der spätere Verfasser der *Patria*, der fälschlicherweise unter dem Namen des Georgios Kodinos in die Literaturgeschichte eingegangen und für die überlieferte Gesamtfassung des Werks verantwortlich ist, übernahm wörtlich den Exkurs des Hesychios (§§ [1]–36) und fügte dessen knappe Zusammenfassung über die Gründung von Konstantinopel und Konstantins Bautätigkeit (§§ [39–42]) in seinen eigenen Text

ein (§§ 43–46); diese Vorlage diente auch, mit zahlreichen Details angereichert, zur Beschreibung der Stadt (§§ 61–71). Chronologischer Ausgangspunkt für Ps.-Kodinos ist Septimius Severus, der entsprechend der konstantinischen ‹Ideologie› weder als Eroberer von Byzantion noch als Feind des kaiserlichen Rivalen Pescennius Niger gezeichnet wird. Im Gegenteil: Mit diesem verschwägert und militärisch alliiert, beschützt er die Stadt gegen äussere Feinde und zeichnet sich als grosszügiger Bauherr aus. Das Hauptaugenmerk des Patriographen richtet sich jedoch auf den christlichen Herrscher Konstantin. Im Mittelpunkt stehen dessen Bautätigkeit (Stadtmauer, Plätze, Kirchen, Residenzen, Bäder, Privathäuser), die Einrichtung eines kaiserlichen Beraterstabes aus zwölf Mitgliedern und die listig arrangierte Übersiedlung römischer Senatoren nach Konstantinopel. Ein kurzer Ausblick auf Theodosius II. (§§ 72–73) beschliesst die Erzählung. Ein Terminus ante quem für die Abfassung leitet sich (§ 60) aus den beiden erwähnten Kaisern Nikephoros II. Phokas (963–969) und Johannes I. Tzimiskes (969–976) ab. Zwar wird mit dem Sturz der berühmten Porphyrsäule auch das Jahr 1106 erwähnt (§ 45a), doch dabei handelt es sich offensichtlich um einen späteren Einschub. Die Fokussierung der *Patria* auf Konstantin den Grossen und das Bemühen, selbst im Byzanz des 10. Jhs. die Spuren und das Wirken des hoch verehrten Stadtgründers aufzuzeigen, führte wenig überraschend zu Anachronismen. Dies gilt nicht bloss für repräsentative Bauten, sondern auch für namentlich erwähnte Persönlichkeiten der kaiserlichen Comitatus. Verglichen mit Hesychios hat sich der narrative Stil verändert; es wird weniger erzählt als eher referiert. Ein Grund dafür dürfte in der Kompilation von Quellenmaterial liegen, welches der Autor weder benennt noch zeitlich einordnet. Zwar führt die Forschung die *Patria* in ihrer ursprünglichsten Form auf *eine* Handschriftenklasse (A) zurück, doch die Lokalgeschichte hatte offenbar auch zu einer stilistisch freien Redaktion mit sprachlich klassizistischen Tendenzen angeregt (Hs. G).

Zu dieser Ausgabe

Grundlage des folgenden griechischen Textes ist die Standardausgabe von Theodor Preger, *Scriptores Originum Constantinopolitanarum* I-II. Leipzig 1901–1907 (Nachdruck 1989). Gelegentliche Abweichungen von seiner Textgestaltung werden im Kommentar erläutert.

Die Übersetzung – erstmalig durchgehend ins Deutsche für die *Patria* – folgt dem Originaltext möglichst nahe; sie will das Erzählte in einem ersten Schritt erklären, bemüht sich aber gleichzeitig um Leserfreundlichkeit.

Der Kommentar konzentriert sich auf das Wesentliche und dient in erster Linie dem sprachlich-literarischen Verständnis des Textes, spürt den möglichen Vorbildern nach und ordnet ihn in die thematische Tradition der Lokalgeschichte ein. Für spezifische Aspekte von Konstantinopels *Patria* und für die Baugeschichte der Stadt wurden die einschlägigen Standardwerke von Janin ([2]1964), Dagron (1974) und (1984) sowie Berger (1988) jeweils eingearbeitet und weiterführende Literatur vermerkt. Auch Einzeluntersuchungen fanden Berücksichtigung und Hinweise auf allgemein zugängliche Nachschlagwerke. Erschöpfende Ausbeute der Sekundärliteratur war nicht geplant, überwog doch die Absicht, einen weiteren Leserkreis anzusprechen und in kursorischer Lektüre mit der geschichtsträchtigen Vergangenheit der Stadt am Bosporos bekannt zu machen.

Πάτρια Κωνσταντινουπόλεως κατὰ Ἡσύχιον Ἰλλούστριον (1)–(42)

(1.) Δύο καὶ ἑξήκοντα καὶ τριακοσίων ἀπὸ τῆς Αὐγούστου Καίσαρος μοναρχίας διεληλυθότων ἐνιαυτῶν τῇ πρεσβυτέρᾳ Ῥώμῃ καὶ τῶν πραγμάτων αὐτῆς ἤδη πρὸς πέρας ἀφιγμένων Κωνσταντῖνος ὁ Κωνσταντίου παῖς ἐπιλαβόμενος τῶν σκήπτρων τὴν Νέαν ἀνίστησι Ῥώμην ἴσην αὐτὴν τῇ πρώτῃ χρηματίζειν προστάξας. Ἤδη μὲν γὰρ καὶ τυράννοις καὶ βασιλεῦσι χρησαμένην πολλάκις ἀριστοκρατίας τε καὶ δημοκρατίας πολιτευσαμένην τρόπῳ τέλος ἐπὶ τὸ προκείμενον <συνέβη> ἐξενηνοχέναι μέγεθος. (2.) Λεκτέον δὲ ἡμῖν, ὅπως τε ἐξ ἀρχῆς γέγονε καὶ ὑπὸ τίνων ἀπῳκίσθη, ἐκ τῶν ἀρχαίων ποιητῶν καὶ συγγραφέων τὴν ὑπόθεσιν ποιουμένοις.

1. (3.) Φασὶ μὲν Ἀργείους πρώτους χρησάσης αὐτοῖς τῆς Πυθίας οὕτως

«Ὄλβιοι, οἳ κείνην ἱερὴν πόλιν οἰκήσουσιν
ἀκτὴν Θρηικίην στενυγρὸν παρά τε στόμα Πόντου,
ἔνθα δύο σκύλακες πολιὴν λάπτουσι θάλασσαν,
ἔνθ' ἰχθὺς ἔλαφός τε νομὸν βόσκονται ἐς αὐτόν»

πήξασθαι τὰς οἰκήσεις ἐν ἐκείνῳ τῷ χωρίῳ, ἐν ᾧ Κύδαρός τε καὶ Βαρβύσης ποταμοὶ τὰς διεξόδους ποιοῦνται, ὁ μὲν τῶν ἀρκτῴων, ὁ δὲ τῶν ἑσπερίων προρρέοντες καὶ κατὰ τὸν τῆς λεγομένης Σεμέστρης νύμφης βωμὸν τῇ θαλάσσῃ μιγνύμενοι. **2.** (4.) Ἐπεὶ οὖν εἰς τὴν εἱμαρμένην ἀφίκοντο <χώραν> καὶ θυσίαις τοὺς ἐγχωρίους ἐξιλάσκοντο δαίμονας, κόραξ τῆς ἱερουργίας ὑφαρπάσας βραχύ τι μέρος εἰς ἕτερον μετέθηκε τόπον, ὃς ἔχει τὴν τοῦ Βοσπόρου προσηγορίαν βουκόλου τὴν τοῦ ὄρνιθος ὑποδείξαντος πτῆσιν, ἀφ' οὗπερ καὶ

Patria von Konstantinopel nach Hesychios von Milet (1)–(42)

(1.) Dreihundert und zweiundsechzig Jahre, seit Kaiser Augustus die Alleinherrschaft erlangt hatte, waren am alten Rom vorbeigegangen, und seine Macht neigte sich bereits dem Ende zu. Da übernahm Konstantin, Sohn des Constantius (Chlorus), die Herrschergewalt, baute das Neue Rom (Konstantinopel) und ordnete an, dass es in Rang und Namen der Vorgängerin gleich sei. Denn jetzt ergab es sich, dass die Stadt (ehemals Byzantion), welche Tyrannen- und Königsherrschaft erfahren und oft aristokratische wie auch demokratische Verfassungen gekannt hatte, zu der ihr bestimmten Grösse gelangt war. (2.) So obliegt es denn uns zu beschreiben, was die Anfänge waren und wer die Siedlung angelegt hat; dabei stützen wir uns auf die Dichter und Historiker aus der Vergangenheit.

1. (3.) Die ersten, so berichtet man, seien Argiver gewesen, denen die Pythia folgendes Orakel gegeben habe:

> «Glücklich die Menschen, die jene heilige Stadt bewohnen werden
> und das thrakische Ufer an der engen Mündung des Pontos,
> wo zwei Welpen weissgraues Meerwasser schlabbern,
> wo sich Fisch und Hirsch denselben Weidegrund teilen.»

Aufgeschlagen hätten sie ihre Behausungen im Mündungsbereich der beiden Flüsse Kydaros und Barbyses; dieser kommt von Norden, jener von Westen, und vereinigt ergiessen sie sich beim Altar der Nymphe namens Semestre ins Meer. **2.** (4.) Als sie dort angekommen waren, wie es dem Schicksal entsprach, und sich durch Opfer die lokalen Gottheiten geneigt gemacht hatten, da schnappte sich ein Rabe von der Opfergabe ein kleines Stück und brachte es an einen anderen Ort. Dieser heisst Bosporos, hatte doch ein Rinderhirt den Flug des Vogels angezeigt; da-

Βουκόλια ἐκεῖνο τὸ χωρίον ἐκλήθη. **3.** (5.). Ἕτεροι δὲ Μεγαρεῖς ἱστόρησαν ἀπὸ Νίσου τὸ γένος κατάγοντας εἴσπλουν ἐν αὐτῷ ποιησαμένους τῷ τόπῳ ὑφ' ἡγεμόνι Βύζαντι, οὗπερ τὴν προσηγορίαν μυθεύουσι τῇ πόλει προστεθῆναι· ἄλλοι δὲ Σεμέστρης τῆς ἐπιχωρίου νύμφης παῖδά τινα γεγονότα τὸν Βύζαντα ἀναπλάττουσιν. **4.** (6.) Οἱ μὲν οὖν διαφόροις ἐχρήσαντο λόγοις, ἡμεῖς δὲ πιθανὴν τὴν ἱστορίαν τοῖς ἐντυγχάνειν ἐθέλουσιν παραστῆσαι βουλόμενοι ἐκ τῆς Ἰνάχου θυγατρὸς Ἰοῦς τὴν ἀρχὴν προσφόρως ποιούμεθα. Ἰνάχου γὰρ τοῦ Ἀργείων βασιλέως γέγονε θυγάτηρ Ἰώ. Ταύτης τὴν παρθενίαν ἐφύλαττεν Ἄργος, ὃν πολυόμματον λέγουσιν. Ἐπεὶ δὲ Ζεὺς ἐρασθεὶς τῆς κόρης πείθει τὸν Ἑρμῆν δολοφονῆσαι τὸν Ἄργον, λυθείσης δ' αὐτῇ τῆς παρθενίας ὑπὸ Διὸς εἰς βοῦν μεταβάλλεται. **5.** (7.) Ἥρα δὲ χολωθεῖσα ἐπὶ τῷ γενομένῳ οἶστρον ἐπιπέμπει τῇ δαμάλει καὶ διὰ πάσης αὐτὴν ἐλαύνει ξηρᾶς τε καὶ ὑγρᾶς. **6.** (8.) Ἐπειδὴ δὲ πρὸς τὴν Θρᾳκῶν ἀφίκετο χώραν, ὄνομα μὲν τῷ τόπῳ καταλέλοιπε Βόσπορον, αὐτὴ δὲ πρὸς τὸ καλούμενον Κέρας ἐπανελθοῦσα, καθ' ὃ Κύδαρός τε καὶ Βαρβύσης συμμίσγονται, τοῖς ἐνοικοῦσι προθεσπίζουσα τὰ ἐσόμενα παρὰ τὸν Σεμέστρης βωμὸν τὴν λεγομένην Κερόεσσαν ἀπεκύησε κόρην, ἐξ ἧς καὶ Κέρας ὁ τόπος ὠνόμασται. Ἄλλοι δὲ μᾶλλον τῇ θέσει τοῦ χωρίου τοὔνομα προστιθέασιν· οἱ δὲ τῇ τῶν καρπῶν εὐπορίᾳ τὸ τῆς Ἀμαλθείας αἰγὸς κέρας προσαγορεύουσιν. **7.** (9.) Ἡ τοίνυν Κερόεσσα παρὰ τῇ Σεμέστρῃ νύμφῃ τραφεῖσα καὶ παραδόξῳ μορφῇ λαμπρυνθεῖσα πολὺ τὰς Θρᾳκικὰς ὑπερέβαλε παρθένους, τῷ τε θαλαττίῳ μιγεῖσα Ποσειδῶνι τίκτει τὸν καλούμενον Βύζαντα, τοὔνομα τοῦτο λαβόντα ἐκ τῆς θρεψάσης αὐτὸν κατὰ τὴν Θρᾴκην νύμφης Βυζύης, ἧς μέχρι καὶ νῦν οἱ πολῖται τῶν ὑδάτων ἀρύονται. **8.** (10.) Ὡς οὖν ἐπὶ τὴν ἀκμὴν τῆς ἡλικίας ὁ νέος προέβαινεν καὶ τοῖς Θρᾳκίοις ἐνδιέτριβεν ὄρεσι, φοβερῶς πρὸς τοὺς θῆρας καὶ τοὺς βαρβάρους φερόμενος, πρεσβείας ὑπὸ τῶν τοπαρχούντων ἐδέχετο σύμμαχος αὐτοῖς εἶναι καὶ φίλος προτρεπόμενος. **9.** (11.) Ὡς οὖν καὶ Μελίας αὐτὸν ὁ τῶν Θρᾳκῶν

her wird jene Örtlichkeit auch Bukolia (‹Herdenplatz›) genannt. **3.** (5.) Andere hingegen berichteten, Megarer, Abkömmlinge des Nisos, seien unter dem Anführer Byzas über das Meer an diesen Ort gekommen, und nach dessen Name – so die Legende – sei die Stadt (Byzantion) benannt worden. Und wieder andere erdichten, Byzas sei ein Sohn der lokalen Nymphe Semestre gewesen. **4.** (6.) Während die einen nun dies und die anderen jenes erzählen, wollen wir den Leuten, die Lust haben sich mit der Sache zu beschäftigen, die glaubwürdige Version der Geschichte vorlegen; und so passt es, mit Io, der Tochter des Inachos, anzufangen. Denn Io war die Tochter des Argiver Königs Inachos. Über ihre Jungfräulichkeit wachte Argos, der vieläugige, wie sie ihn nennen. Als aber Zeus in Liebe zum Mädchen entbrannt war, überredete er Hermes, Argos meuchlings zu töten; und nachdem sie durch Zeus ihre Unschuld verloren hatte, wurde sie in eine Kuh verwandelt. **5.** (7.) Über das, was vorgefallen war, geriet Hera in Zorn, hetzte eine Bremse auf die Färse und jagte sie über Land und Meer. **6.** (8.) Im Gebiet der Thraker angekommen, hinterliess diese dem Ort den Namen Bosporos, kehrte dann zurück zum sogenannten Horn (Κέρας), wo der Kydaros und der Barbyses sich vereinen, und verkündete den Anwohnern, was sich ereignen werde. Am Altar der Semestre gebar sie ein Mädchen und nannte es Keroëssa, weshalb auch der Ort Keras heisst. Andere hingegen schreiben den Namen eher der Lage der Örtlichkeit zu, und wieder andere sprechen wegen der Fülle an Feldfrüchten vom Horn der Ziege Amaltheia. **7.** (9.) Keroëssa also, die von der Nymphe Semestre aufgezogen worden war und mit ihrer auffallenden Schönheit glänzend die thrakischen Jungfrauen übertraf, vereinigte sich in Liebe mit dem Meergott Poseidon und gebar Byzas, wie er genannt wurde. Diesen Namen hatte er von der Nymphe Byzye, die ihn in Thrakien aufzog; von ihrem Quellwasser schöpfen die Bürger bis heute. **8.** (10.) Als der Knabe zum jungen Mann herangereift war und sich in den Bergen Thrakiens aufhielt – den wilden Tieren und den Barbaren ein Schrecken –, erhielt er von den Lokalfürsten Gesandtschaften, er möge ihnen ein Verbündeter sein und sich ihnen in Freundschaft zuwenden. **9.** (11.) Als nun auch Melias, der

βασιλεὺς ἐπὶ τὸν τοῦ θηρὸς ἆθλον μετεπέμψατο καὶ τὰς ἐξ αὐτοῦ δόξας ὁ Βύζας ἀπηνέγκατο τὸν ὑποταγέντα ταῦρον τῇ ἱερουργίᾳ προσφέρων καὶ τοὺς πατρῴους ἐξιλασκόμενος δαίμονας κατὰ τὴν τῶν εἰρημένων ποταμῶν σύμμιξιν, ἀετὸς ἀθρόως φανεὶς τὴν καρδίαν ὑφαρπάζει τοῦ θύματος καὶ κατὰ τὴν ἄκραν τῆς Βοσπορίας ἀκτῆς <ἀποπτὰς ἔστη> ἀντικρὺ τῆς καλουμένης Χρυσοπόλεως, ἣν Χρύσης ὁ παῖς ἐκ Χρυσηΐδος γεγονὼς καὶ Ἀγαμέμνονος φεύγων τὴν Κλυταιμνήστρης ἐπιβουλὴν μετὰ τὴν τοῦ πατρὸς ἀναίρεσιν καὶ πρὸς τὴν τῆς Ἰφιγενείας ζήτησιν ἐπειγόμενος μνῆμα τῆς ἑαυτοῦ ταφῆς τοῖς ἐγχωρίοις τοὔνομα τοῦτο κατέλιπε φθασάσης αὐτὸν ἐκεῖ τῆς τοῦ βίου καταστροφῆς.

10. (12.) Ὁ μὲν οὖν Βύζας κατὰ τὴν ἄκραν τῆς Βοσπορίας ἁλὸς διέγραψεν πόλιν· Ποσειδῶνος δὲ καὶ Ἀπόλλωνος ὥς φασι συνεργούντων ἀνοικοδομεῖ τὰ τείχη λόγου τε παντὸς κρείττονα μηχανώμενος. **11.** (13.) Τοὺς γὰρ ἐν αὐτοῖς πύργους ἑπτὰ ὄντας ἀντιφθέγγεσθαί τε καὶ διηχεῖν ἀλλήλοις συνήρμοζεν. Εἴποτε γὰρ σάλπιγξ ἢ φωνή τις ἑτέρα τοῖς πύργοις ἐπεφοίτα, ἕτερος ἐξ ἑτέρου τὴν ἠχὼ μετελάμβανεν καὶ τῷ πρὸς τὸ πέρας κειμένῳ παρέπεμπον. **12.** (14.) Ἀλλὰ μὴν καὶ ἄλλο τι τοῖς ταῦτα συγγράψασιν εἰρημένον οὐ παραλείψομεν· τὸν γὰρ Ἡρακλέους καλούμενον πύργον τὰ τῶν πολεμίων τοῖς ἐντὸς οὖσι τοῦ τείχους μεταδιδόναι μυστήρια λέγουσιν. **13.** (15.) Μετὰ δὲ τὴν τοῦ τείχους στεφάνην καὶ τὰ τεμένη τῶν θεῶν ἀπειργάζετο· Ῥέας μὲν κατὰ τὸν τῆς Βασιλικῆς λεγόμενον τόπον νεών τε καὶ ἄγαλμα καθιδρύσατο, ὅπερ καὶ Τυχαῖον τοῖς πολίταις τετίμηται. Ποσειδῶνος δὲ τέμενος πρὸς τῇ θαλάττῃ ἀνήγειρεν, ἔνθα νῦν ὁ τοῦ μάρτυρος Μηνᾶ οἶκος διακεκόσμηται, Ἑκάτης δὲ κατὰ τὸν νῦν τοῦ Ἱπποδρομίου τόπον, τῶν δὲ Διοσκούρων, Κάστορός τέ φημι καὶ τοῦ Πολυδεύκους, ἐν τῷ τῆς Σεμέστρης βωμῷ καὶ τῇ τῶν ποταμῶν μίξει, ἐν ᾧ καὶ λύσις τῶν παθῶν τοῖς ἀνθρώποις ἐγίνετο. **14.** (16.) Ἐγγὺς δὲ τοῦ καλουμένου Στρατηγίου Αἴαντός τε καὶ Ἀχιλλέως βωμοὺς ἀνεθήκατο· ἔνθα καὶ

König der Thraker, ihn zum Kampf mit der Bestie absandte und Byzas, der ruhmreich daraus hervorgegangen war, den besiegten Stier beim Zusammenfluss der erwähnten Flüsse zur Opferung brachte und die Stammesgötter um ihr Wohlwollen bat, erschien plötzlich ein Adler, raubte vom Opfertier das Herz, flog über die Landspitze bis zur Küste am Bosporos und machte gegenüber von Chrysopolis – so der Name – Halt. Dieser Stadt hinterliess Chryses, der Sohn von Chryseïs und Agamemnon, der nach der Ermordung seines Vaters auf der Flucht vor Klytemnestras Arglist war und eilig seine Schwester Iphigenie suchte, diesen Namen, den Einheimischen zum Gedächtnis an seine Bestattung; denn dort hatte ihn der Tod ereilt.

10. (12.) Nun war es also Byzas, der zur Landspitze an der Bosporischen Salzflut den Grundriss einer Stadt entwarf. Und mit der Unterstützung von Poseidon und Apollon, wie man überliefert, erbaute er die Befestigungsmauern und machte sie durch ausgeklügelte Erfindung wider alles Erwarten stark. **11.** (13.) Die sieben eingebauten Türme passte er nämlich so an, dass sie widerhallten und den Klang unter sich weiterreichten. Denn jedes Mal, wenn von aussen ein Trompetenklang oder eine Stimme an die Türme drang, übernahm der eine vom anderen den Widerhall; und so leiteten sie ihn an den Turm weiter, der am Ende stand. **12.** (14.) Aber noch etwas anderes, was die Verfasser dieser Dinge beschrieben haben, wollen wir nicht übergehen. Sie berichten nämlich, der sogenannte Turm des Herakles verrate den Verteidigern innerhalb der Stadtmauer die Geheimnisse der Feinde. **13.** (15.) Nach der Ringmauer liess er auch die Heiligtümer für die Götter bauen. Auf dem Platz, benannt nach der Basilika, errichtete er Rhea einen Tempel mit Standbild, was die Bürger auch als ein Tychaion verehrten. Einen Tempel für Poseidon legte er beim Meer an, dort wo man jetzt die Kirche des Märtyrers Menas schön ausgestattet hat. Für Hekate baute er ein Heiligtum am Ort, wo jetzt das Hippodrom steht, für die Dioskuren – Kastor und Polydeukes meine ich – eines beim Altar der Semestre, wo die Flüsse Kydaros und Barbyses zusammenkommen und wo die Menschen von ihren Leiden befreit werden. **14.** (16.) Beim sogenannten Strategion errichtete er Altäre für Aias und Achil-

τὸ Ἀχιλλέως χρηματίζει λουτρόν. Ἀμφιάρεω δὲ τοῦ ἥρωος ἐν ταῖς λεγομέναις Συκαῖς ᾠκοδόμησεν, αἳ τὴν ἐπωνυμίαν ἐκ τῶν συκοφόρων δένδρων ἐδέξαντο. Ἀνωτέρω δὲ μικρὸν τοῦ Ποσειδῶνος ναοῦ καὶ τὸ τῆς Ἀφροδίτης προσαγοεύεται τέμενος Ἀρτέμιδός τε πρὸς τὸ τῆς Θρᾴκης ὄρος.

15. (17.) Ἐπεὶ δὲ ταῦτα εἰς τὴν αὑτοῦ διῳκήσατο πόλιν, ἐχρῆν δὲ λοιπὸν τοὺς ἐπιόντας ἀπωθεῖσθαι βαρβάρους, μάλιστα τὸν Αἷμον, ὃς τῆς Θρᾴκης τύραννος ἦν καὶ πρὸς αὐτὴν ἧκεν τὴν τοῦ Βύζαντος πόλιν αὐτόν τε τὸν ἥρωα προκαλούμενος εἰς μάχην καὶ διαπορθεῖν ἅπαντα προθυμούμενος. <Ὁ δὲ> οὐχ ὑπομείνας τὴν ἔφοδον τοῦ βαρβάρου μόνος πρὸς μόνον διαγωνίζεται καὶ καταβάλλει τὸν Αἷμον ἐπὶ τὸν ἐπώνυμον αὐτοῦ λόφον. **16.** (18.) Ὁ μὲν οὖν Βύζας μετὰ τὴν εἰρημένην νίκην ὡς ἐπὶ τὴν Θρᾴκην ἤλαυνε τοὺς πολεμίους, Ὀδρύσης ὁ τῶν Σκυθῶν βασιλεὺς περαιωθεὶς τὸν Ἴστρον καὶ πρὸς αὐτὰ διελθὼν τὰ τῆς πόλεως τείχη ἐπολιόρκει τοὺς ἔνδον. Πρὸς ὃν ἡ τοῦ Βύζαντος γυνή, ἡ θαυμαστὴ Φιδάλεια, μηδέν τι καταπλαγεῖσα τὸ πλῆθος τῶν πολεμίων, ἀλλὰ τῇ γυναικείᾳ χρησαμένη χειρὶ διηγωνίσατο σοφισαμένη τὸν βάρβαρον τῇ τῶν δρακόντων συμμαχίᾳ. **17.** (19.) Ὡς γὰρ τοὺς κατὰ τὴν πόλιν ὄφεις εἰς ἕν τι χωρίον συλλαβοῦσα ἐφρούρει, ἀθρόως τοῖς ἐναντίοις ἐπιφανεῖσα δίκην βελῶν ἢ ἀκοντίων ἔπεμπε τὰ θηρία καὶ πλείστους λυμηναμένη τούτῳ τῷ τρόπῳ διέσωσε τὴν πόλιν. Ἐντεῦθεν τοίνυν ἀρχαῖος μῦθος φέρεται μὴ δεῖν τοὺς κατὰ τὴν πόλιν ἁλισκομένους ἀπολλύειν ὄφεις, οἷα εὐεργέτας αὐτῆς γενομένους.

18. (20.) Οὐ μετὰ πολὺν δὲ χρόνον Στρόμβος ἀνὴρ τοὔνομα καὶ αὐτὸς ἐκ Κεροέσσης τεχθεὶς πόλεμον ἐπιφέρει τῷ Βύζαντι πολλὴν ἐπαγόμενος δύναμιν. Ἀνεκινεῖτο τοίνυν ἅπαντα τὰ Σκυθικὰ γένη, συνέτρεχον δὲ καὶ οἱ τῆς Ἑλλάδος κρατοῦντες καὶ Ῥοδίων οὐκ εὐκαταφρόνητος δύναμις ὅ τε τῆς γείτονος Χαλκηδόνος τοπάρχης Δίνεως, ἐκ Μεγαρέων ἄποικος ἐκεῖσε γενόμενος δέκα καὶ ἐννέα ἔμπροσθεν ἔτεσιν τῆς Βύζαντος αὐταρχίας. **19.** (21.) Χαλκηδὼν δὲ ὠνόμασται τὸ χωρίον, ὡς μέν τινές φασιν, ἀπὸ τοῦ Χαλκηδόνος ποτα-

leus; dort trägt auch das Bad den Namen des Achilleus. Zu Ehren des Heros Amphiaraos baute er eine Kultstätte in Sykai, dessen Name auf die dortigen Feigenbäume zurückgeht. Nur wenig oberhalb des Poseidontempels liess er in Richtung des thrakischen Gebirges ein Heiligtum der Aphrodite und der Artemis anlegen.

15. (17.) Nachdem er dies für seine Stadt angeordnet hatte, musste er nunmehr die heranrückenden Barbaren zurückdrängen, vor allem Haimos, der als Tyrann über Thrakien herrschte. Angekommen vor der Stadt des Byzas, forderte er deren Begründer selbst zum Kampf heraus in der Absicht alles zu zerstören. Jener aber wartete den Angriff des Barbaren nicht ab, sondern forderte ihn zum Zweikampf heraus und warf ihn über den Gebirgsrücken hinab, der seither seinen Namen trägt. **16.** (18.) Wie nun Byzas nach dem besagten Sieg die Feinde nach Thrakien vertrieb, überquerte Odryses den Istros, marschierte bis vor die Mauern der Stadt und belagerte deren Bewohner. Doch die Gattin des Byzas, die bewundernswerte Phidaleia, die sich von der Menge der Feinde unbeeindruckt zeigte, mass sich nach Frauenart mit ihm im Kampf und trickste in einer Allianz mit den Schlangen den Barbaren aus. **17.** (19.) Nachdem sie nämlich die Schlangen, die es in der Stadt gab, an einem Ort gesammelt hatte und sie dort bewachte, tauchte sie plötzlich auf, schleuderte die Biester wie Wurfgeschosse oder Spiesse auf die Feinde, machte die meisten zuschanden und rettete auf diese Weise die Stadt. Darum überliefert man seither das alte Geheiss, man dürfe in der Stadt gefangene Schlangen nicht töten, da sie doch gewissermassen deren Wohltäterinnen geworden waren.

18. (20.) Nicht lange danach zog ein Mann namens Strombos, auch er von Keroëssa geboren, mit einem grossen Heer gegen Byzas in den Krieg. Alle skythischen Völkerschaften wurden zum Krieg aufgehetzt. Aber andererseits versammelten sich auch die Herrscher über Hellas und eine nicht unerhebliche Streitmacht der Rhodier sowie Dineos, der Toparch des benachbarten Chalkedon, der als megarischer Kolonist neunzehn Jahre vor der Herrschaft des Byzas dorthin gekommen. **19.** (21.) Der Ort Chalkedon, sagen die einen, hat seinen Namen vom Fluss Chalkedon;

μοῦ, ὡς δὲ ἕτεροι, ἀπὸ τοῦ παιδὸς Κάλχαντος τοῦ μάντεως ὕστερον τοῦ Τρωικοῦ πολέμου γενομένου, ὡς δὲ ἄλλοι, ἀπὸ Χαλκίδος πόλεως τῆς Εὐβοίας ἀποίκων ἐκεῖ πεμφθέντων· οὓς δὴ καὶ τυφλοὺς ἀπεκάλεσαν παρεωρακότας τὸ Βυζάντιον. **20.** (22.) Ὡς οὖν σὺν πλείοσι ναυσὶν ὁ Δίνεως εἰς συμμαχίαν ἧκεν τοῦ Βύζαντος, μὴ δυνηθεὶς προσορμῆσαι τῇ πόλει ἄρτι τοῦ βασιλέως αὐτῶν Βύζαντος μεταλλάξαντος καὶ τοῦ δήμου παντὸς ἐν ἀγωνίᾳ τυγχάνοντος πρὸς τὸν καλούμενον Ἀνάπλουν ἀφίκετο, ἔνθα καὶ διατρίψας Ἑστίας τὸν τόπον ὠνόμασεν. **21.** (23.) Μικρῷ γε μὴν ὕστερον διαβὰς ἐν τῇ πόλει καὶ τοὺς βαρβάρους ἀπωσάμενος αὐτὸς ἐστρατήγησε τοῦ δήμου τῶν Βυζαντίων. Καθ' οὓς δὴ χρόνους καὶ δρακόντων πλεῖστα γένη ἐπεφοίτησεν τῇ πόλει, ὡς τοὺς οἰκοῦντας αὐτὴν διαφθείρεσθαι· οὓς δὴ τῇ τῶν καλουμένων πελαργῶν ὀρνίθων ἐπιφορᾷ διεχρήσαντο Ποσειδῶνος αὐτοῖς ὥς φασι συνεργήσαντος. **22.** (24.) Οὐ μετὰ πολὺ δὲ καὶ τῶν ὀρνίθων αὐτοῖς ἐναντία φρονούντων καὶ θανάτων αἰτίαν ἐπαγόντων τούς τε ἁλισκομένους αὐτοῖς ὄφεις πρὸς τὰς τῶν ὑδάτων δεξαμενὰς ἀκοντιζόντων καὶ τοῖς γε πολίταις ἐν ταῖς λεωφόροις ἀφανῶς ἐπιβαλλόντων ἐν ἀφασίᾳ διετέλουν. **23.** (25.) Ἀνὴρ δέ τις τῶν ἐκ Τυάνων, τοὔνομα Ἀπολλώνιος, ἐκ λίθου ξεστοῦ τρεῖς ἀνεστήσατο πελαργοὺς ἀντιπροσώπως ἀλλήλοις ὁρῶντας, οἳ καὶ μέχρι τῶνδε διαμένουσι τῶν χρόνων οὐ συγχωροῦντες ἐπιφοιτῆσαι τῇ πόλει τὸ τῶν πελαργῶν γένος.

24. (26.) Ἐπὶ δὲ τοῖς εἰρημένοις Δίνεω τοῦ στρατηγοῦ μεταλλάξαντος Λέων τὴν τῶν Βυζαντίων ἀριστοκρατίαν ἐδέξατο· ἐφ' οὗπερ Φίλιππος ὁ τῶν Μακεδόνων βασιλεύς, ὁ Ἀμύντου παῖς γεγονώς, πολλὴν ἐπαγόμενος δύναμιν ἐπολιόρκει τὴν πόλιν διώρυξί τε καὶ παντοίοις πολεμικοῖς μηχανήμασι τοῖς τείχεσι προσπελάζων. **25.** (27.) Καὶ δὴ ἂν ταύτην ἐξεῖλε ῥᾳδίως νυκτὸς ἐπιλαβόμενος ἀσελήνου καὶ ὄμβρου καταρραγέντος ἐξαισίου, εἰ μή τις αὐτοῖς τοῦ θείου γέγονε συμμαχία τοὺς κατὰ τὴν πόλιν κύνας πρὸς ὑλακὴν ἀναστήσαντος καὶ νεφέλας πυρὸς τοῖς ἀρκτῴοις ἐπαγαγόντος μέρεσιν. Ἐξ οὗπερ οἱ δῆμοι διεγερθέντες καὶ θερμῶς τοῖς

andere sagen, er hiess so nach dem Sohn des Sehers Kalchas, geboren nach dem Trojanischen Krieg. Und wieder andere leiten den Namen von der Stadt Chalkis auf Euboia ab, die Kolonisten dorthin ausgesandt hatte. Diesen wurde auch die Bezeichnung ‹Blinde› angehängt, weil sie (die vorteilhafte Lage von) Byzantion übersehen hatten. **20.** (22.) Wie nun Dineos mit einer grösseren Flotte eintraf, um Byzas beizustehen, konnte er nicht bei der Stadt anlegen, da ihr König Byzas soeben verstorben und das ganze Volk in grosse Angst versetzt worden war. Er landete beim Ort namens Anaplus, legte dort einen Aufenthalt ein und nannte den Ort Hestiai. **21.** (23.) Wenig später setzte er zur Stadt über, vertrieb die Barbaren und wurde Strategos über das Volk der Byzantier. Zu eben dieser Zeit geschah es, dass eine Unmenge von Schlangenarten die Stadt heimsuchte und den Bewohnern Verderben brachte. Diese aber vernichteten die Schlangen kraft der Störche, welche sich auf sie stürzten; dabei soll ihnen Poseidon – so die Legende – geholfen haben. **22.** (24) Doch nicht lange danach nahmen auch die Vögel eine feindliche Haltung ihnen gegenüber ein und brachten Tod über sie. Grund dafür war, dass sie die Schlangen, welche sie gepackt hatten, in die Zisternen abwarfen und, ohne dass man es sah, auf die Bürger in den Strassen schleuderten; diesen verschlug es vor Schreck die Sprache. **23.** (25.) Da stellte ein gewisser Mann aus Tyana namens Apollonios aus behauenem Stein drei Störche auf, die einander anschauen. Sie existieren bis heute und halten das Storchengeschlecht davon ab, sich in der Stadt aufzuhalten.

24. (26.) Nach den erwähnten Ereignissen und dem Tod von Dineos, dem Strategos, übernahm Leon das Amt über die Byzantier, wie es dem trefflichsten zukommt. Während seiner Regierung rückte Philipp (II.), Sohn des Amyntas, der König der Makedonen, mit einem grossen Heer an und belagerte die Stadt, wobei er mit Gräben und allerlei Kriegstaktiken nahe an die Mauern herankam. **25.** (27.) Und Byzantion hätte er leicht eingenommen, da er von einer mondlosen Nacht und strömendem Regen profitierte, wäre den Bewohnern die Gottheit nicht zu Hilfe geeilt; sie weckte die Hunde in der Stadt zum Bellen auf und überzog die nördlichen Teile mit Feuerqualm. Dadurch wurden

πολεμίοις συνενεχθέντες ἤδη τὴν πόλιν ὑπὸ τῷ Φιλίππῳ γενομένην ἐρρύσαντο ἀναλαβόντες τοὺς διαφθαρέντας πύργους τοῖς ἐκ τῶν τάφων παρακειμένοις λίθοις καὶ ἀνυφάναντες τὰς ἐπάλξεις τοῦ τείχους· οὗ δὴ χάριν Τυμβοσύνην τὸ τεῖχος ἐκάλεσαν λαμπαδηφόρον Ἑκάτης ἀναστήσαντες ἄγαλμα. Αὖθίς τε πρὸς ναυμαχίας τραπέντες περιφανῶς τοὺς Μακεδόνας ἐνίκησαν. Καὶ τούτῳ τῷ τρόπῳ διαλυθέντος τοῦ πολέμου Φίλιππος παραχωρεῖ Βυζαντίοις.

26. (28.) Ἐπειδὴ δὲ καὶ Λέων τὸν βίον μετήλλαξεν, Χάρης ὁ τῶν Ἀθηναίων στρατηγὸς σὺν ναυσὶ τεσσαράκοντα εἰς συμμαχίαν τῶν Βυζαντίων ἐλθὼν πρὸς τὸν κατὰ Φιλίππου πόλεμον κατέλαβε τὴν ἄκραν τῆς Προποντίδος, ἥτις μεταξὺ κεῖται Χρυσοπόλεως καὶ Χαλκηδόνος, καὶ ἐν ἐκείνῳ προσορμήσας τῷ τόπῳ ἀπόπειραν ἐλάμβανε τοῦ πολέμου. **27.** (29.) Ἔνθα δὴ τὴν ἑπομένην αὐτῷ γυναῖκα νόσῳ βληθεῖσαν ἀποβαλὼν κατέθηκεν ἐν τάφῳ ἀναστήσας αὐτῇ βωμὸν καὶ κίονα σύνθετον, ἐν ᾧ δάμαλις δείκνυται ἐκ ξεστοῦ συγκειμένη λίθου. Οὕτω γὰρ μᾶλλον ἐκείνη τὴν ἐπωνυμίαν ἐκέκλητο, ἥτις διὰ τῶν ἐγγεγραμμένων στίχων μέχρι τῶν καθ' ἡμᾶς διασώζεται χρόνων. **28.** (30.) Εἰσὶ δὲ οἱ στίχοι οὗτοι·

«Ἰναχίης οὐκ εἰμὶ βοὸς τύπος οὐδ' ἀπ' ἐμεῖο
κλῄζεται ἀντωπὸν Βοσπόριον πέλαγος.
Κείνην γὰρ τὸ πάροιθε βαρὺς χόλος ἤλασεν Ἥρης
ἐς Φάρον· ἥδε δ' ἐγὼ Κεκροπίς εἰμι νέκυς.
Εὐνέτις ἦν δὲ Χάρητος· ἔπλων δ' ὅτε πλῶεν ἐκεῖνος
τῇδε Φιλιππείων ἀντίπαλος σκαφέων·
Βοίδιον οὔνομα δ' ἦεν ἐμοὶ τότε· νῦν δὲ Χάρητος
εὐνέτις ἠπείροις τέρπομαι ἀμφοτέραις».

29. (31.) Τοῦ δὲ Χάρητος εἰς Ἀθήνας ἐκπλεύσαντος Πρωτόμαχος τὴν στρατηγικὴν ἀρχὴν διαδέχεται, ὃς τοὺς ἐπαναστάντας Θρᾷκας καταδουλώσας τοῖς ὅπλοις ἐν τῷ καλουμένῳ τῆς πόλεως Μιλίῳ χάλκεα ἀνέθηκε τρόπαια. **30.** (32.) Κατοιχομένου δὲ καὶ τούτου Τιμήσιος ἀνὴρ τῶν ἐν

die Leute auf die Beine gebracht, kämpften hitzig mit den Feinden und retteten die Stadt, welche bereits in Philipps Hände gefallen war. Die beschädigten Türme richteten sie mit den Steinen, welche sie von den (nahen) Grabmälern geholt hatten, wieder auf und erneuerten die Brustwehr der Befestigung. Deswegen nannten sie die Mauer Tymbosyne (< τύμβος ‹Grab›) und stellten Hekate, der Fackelträgerin, ein Kultbild auf. Wieder zurück, wechselten sie auf die Schlacht zur See und schlugen die Makedonen in einem glänzenden Sieg. Und da der Krieg auf diese Weise zu einem Ende gekommen war, kapitulierte Philipp vor den Byzantiern.

26. (28.) Und als auch Leon verstorben war, eilte Chares, der athenische Strategos, mit vierzig Schiffen den Byzantiern im Kampf gegen Philipp zu Hilfe. Er erreichte die Landspitze an der Propontis zwischen Chrysopolis und Chalkedon, legte an jenem Ort an und versuchte, in das Kampfgeschehen einzugreifen. **27.** (29.) Ebendort verlor er durch Krankheit die Frau, die ihn begleitet hatte. Er bestattete sie und errichtete ihr einen Altar sowie eine Stele, welche zweiteilig ist und auf dem oberen Teil aus gehauenem Stein eine junge Kuh darstellt. Denn wahrscheinlich trug sie den Namen, welcher auch immer im Epigramm auf uns gekommen ist. **28.** (30.) Das sind die Verse:

> «Ich bin kein Abbild der Kuh, der Tochter des Inachos; auch heisst nicht das Meer,
> das vor meinen Augen liegt, nach mir Bosporos.
> Jene nämlich hat Heras heftiger Zorn schon vorher zum Pharos getrieben.
> Ich jedoch, die ich tot hier liege, stamme aus Kekrops' Land.
> Mit Chares teilte ich das Lager und fuhr mit ihm zur See,
> als er hierher gegen Philipps Schiffe segelte.
> Boïdion hiess ich damals. Jetzt aber, des Chares Gefährtin,
> ergötze ich mich am Blick über zwei Kontinente.»

29. (31.) Nachdem Chares nach Athen abgesegelt war, übernahm Protomachos das Strategenamt. Er unterwarf die aufständischen Thraker mit Waffengewalt und stellte danach in der Stadt auf dem sogenannten Milion bronzene Siegeszeichen auf. **30.** (32.) Nach dessen Tod versuchte ein Mann namens Timesios,

Ἀργείοις τραφέντων πρῶτον μὲν κατὰ τὸν Εὔξεινον προσαγορευόμενον Πόντον πρὸς τῷ λεγομένῳ Ἐφεσιάτῃ (ἔνθα ποτὲ Ἐφέσιοι ἀποικίας πέμψαντες καὶ πόλιν οἰκοδομεῖν πειραθέντες αὖθις τοῦ Βυζαντίου ὑπήκουσαν λογίου·

ἔνθα δύο σκύλακες πολιὴν μάρπτουσι θάλασσαν,
ἐνθ' ἰχθὺς ἔλαφός τε νομὸν βόσκονται ἐς αὐτόν)

ἀντικαταστῆσαι πόλιν ἐπιχειρήσας καὶ διαμαρτὼν τῆς ἐλπίδος συνοικίζεται Βυζαντίοις· καὶ στρατηγὸς τοῦ παντὸς ἀναδειχθεὶς δήμου πᾶσαν ὁμοῦ τὴν πόλιν εἰς τὸ μεῖζον καὶ ὠφέλιμον μετερρύθμισεν, νόμους τε περὶ τῶν καθ' ἡμέραν συμβόλαιά τε τιθέμενος καὶ ἔθη καθιστὰς πολιτικά τε καὶ ἥμερα, δι' ὧν ἀστείους τε καὶ φιλανθρώπους τοὺς πολίτας ἀπέδειξεν. **31.** (33.) Ἱερά τε θεῶν πλεῖστα τὰ μὲν αὐτὸς ἀνεστήσατο, τὰ δὲ καὶ πρὶν ὄντα ἐπεκόσμησεν· τὸν γὰρ πρὸς τῇ ἄκρᾳ τῆς Ποντικῆς θαλάσσης κείμενον ναόν, ὃν Ἰάσων ποτὲ τοῖς δώδεκα θεοῖς καθιέρωσε, κατηρειπωμένον ἀνήγειρε καὶ τὸν ἐπὶ τῷ Φρίξου λεγομένῳ λιμένι τῆς Ἀρτέμιδος οἶκον ἀνεκαίνισεν. **32.** (34.) Ἐπὶ δὲ τούτῳ Καλλιάδης στρατηγῶν τοῦ Βυζαντίου ἄριστά τε πρὸς τοὺς ὀθνείους τε καὶ ἐμφυλίους πολεμίους ἀγωνισάμενος τὸ περιβόητον τοῦ Βύζαντος ἄγαλμα κατὰ τὴν καλουμένην Βασιλικὴν ἀνέθηκε καὶ ἐπέγραψεν οὕτως·

«Τὸν κρατερὸν Βύζαντα καὶ ἱμερτὴν Φιδάλειαν
εἰν ἑνὶ κοσμήσας ἄνθετο Καλλιάδης».

33. (35.) Ἀλλὰ ταῦτα μὲν καὶ ἀριστοκρατουμένων καὶ δημοκρατουμένων τῶν Βυζαντίων, ἔτι δὲ καὶ τυραννουμένων κατὰ διαφόρους συμβέβηκε χρόνους. Ὡς δὲ τῇ τῶν ὑπάτων ἐπικρατείᾳ ἡ Ῥωμαίων ἀρχὴ πάσας ὑπερεβάλετο τὰς δυναστείας, κατεδούλωσε δὲ καὶ τὰ τῶν Ἑλλήνων ἔθνη, εἰκότως αὐτῇ καὶ Βυζάντιοι πειθόμενοι διετέλουν. **34.** (36.) Ἐπειδὴ δὲ μετά τινας χρόνους Σεβήρου βασιλεύσαντος τῆς Ῥώμης αὐτοὶ τὴν τοῦ τυραννήσαντος τῶν ἑῴων Νίγρου προτιμήσαν-

der unter den Argivern aufgewachsen war, zuerst am sogenannten Euxeinos Pontos beim Ort namens Ephesiates eine Stadt zu gründen. (Dorthin hatten die Ephesier einst Kolonisten ausgesandt und eine Stadt zu gründen versucht, hörten dann aber wieder auf den Orakelspruch, der Byzantion galt:

> «Dort, wo zwei Welpen weissgraues Meerwasser schnappen,
> dort, wo sich Fisch und Hirsch denselben Weidegrund teilen»).

Als sich jedoch seine Hoffnung nicht erfüllte, vollzog er einen Synoikismos mit den Byzantiern. Und nachdem er das Amt des Strategos über das gesamte Volk übernommen hatte, unternahm er Reformen, vergrösserte die Stadt und verhalf ihr zu Profit. Er erliess Gesetze und Anordnungen zum täglichen Leben und führte Regeln für Bürgerlichkeit und Anstand ein, um die Stadtbewohner kultiviert und menschenfreundlich zu machen. **31.** (33.) Er selber errichtete eine grosse Zahl von Heiligtümern für die Götter und schmückte bestehende aus. Den zerfallenen Tempel, der bei der Landspitze am Pontos liegt und Iason einst den zwölf Göttern geweiht hatte, richtete er wieder auf und erneuerte am sogenannten Phrixos-Hafen den Tempel der Artemis. **32.** (34.) Nach ihm amtierte als Strategos Kalliades, der nach höchst erfolgreichem Krieg gegen äussere und innere Feinde das berühmte Standbild des Byzas bei der sogenannten Basilika errichten liess und die folgende Inschrift anbrachte:

> «Den mächtigen Byzas und die anmutige Phidaleia
> als Paar darstellend weihte es Kalliades».

33. (35.) Dies indessen hatte sich ereignet, als die Byzantier zu verschiedenen Zeiten eine aristokratische, eine demokratische und ausserdem eine tyrannische Verfassung hatten. Da aber die Herrschaft der Römer mit der Amtsgewalt der Konsuln alle lokalen Staatsführungen ausser Kraft gesetzt und auch die griechischen Völkerschaften unterworfen hatte, da beugten sich begreiflicherweise auch die Byzantier ihrer Macht. **34.** (36.) Als nach einiger Zeit (Septimius) Severus römischer Kaiser geworden war,

τες ἐλπίδα εἰς χεῖρας ἐλθεῖν ἐτόλμησαν πρὸς τὸν αὐτοκράτορα, ἀφαιρεθέντες παρ' αὐτοῦ τῶν πολιτικῶν δικαίων καὶ τῆς στεφάνης αὐτοῖς καταλυθείσης τοῦ τείχους Περινθίοις προσετάχθησαν δουλεύειν τοῖς καλουμένοις Ἡρακλεώταις. **35.** (37.) Παυσαμένου δὲ τῆς ὀργῆς τοῦ Σεβήρου αὖθις εἰς μείζονα κόσμον ἐπανῆλθον λουτρὸν μὲν αὐτοῖς μέγιστον κατὰ τὸν τοῦ Διὸς Ἱππίου βωμόν, ἤτοι τὸ Ἡρακλέους ἄλσος καλούμενον (ἔνθα τὰς Διομήδους αὐτόν φασι δαμάσαντα ἵππους Ζεύξιππον τὸν τόπον ὀνομάσαι), πολυτελῶς ἐγείραντος καὶ τὸν τούτῳ πλησιάζοντα χῶρον τῆς ἱπποδρομίας τοῖς τοῦ Διὸς ἀνακείμενον κούροις ἰκρίοις τε καὶ στοαῖς διακοσμήσαντος (ἔνθα καὶ νῦν οἱ καμπτῆρες δηλοῦσι τὰ τῶν ἐφόδων γνωρίσματα διὰ τῶν ἐπικειμένων ᾠῶν τοῖς χαλκοῖς ὀβελίσκοις), ἐπὶ δὲ τούτοις καὶ στρατιωτικὰ τέλη προσνείμαντος. **36.** (38.) Μέχρι μὲν οὖν περιῆν Σεβῆρος καὶ ὁ τούτου παῖς Ἀντωνῖνος, ἡ πόλις Ἀντωνίνα προσηγορεύετο· ἐπειδὴ δὲ τοῖς θείοις τῶν βασιλέων ἀπεδόθη, αὖθις τὸ Βυζάντιον ὠνομάζετο.

(39.) Κωνσταντίνου δὲ τὸ Ῥωμαϊκὸν κῦρος παρειληφότος καὶ αὐτὴ Κωνσταντινούπολις ἐκλήθη, προθύμως ἀνασχομένη τὴν προσηγορίαν ἀνταλλάξαι τῇ ὑπερβαλλούσῃ τοῦ αὐτοκράτορος φιλοτιμίᾳ, θαυμαστὴν μὲν αὐτὴν ἀπεργασαμένου τῷ κάλλει, πόρρω δὲ μεταγαγόντος τὰ τείχη κατὰ τοὺς λεγομένους Τρωαδησίους ἐμβόλους, πρότερον αὐτῶν οὐκ ἔξω τῆς ἐπωνύμου ἀγορᾶς τοῦ βασιλέως κειμένων, λουτροῖς τε καὶ ἱεροῖς οἴκοις ἐπιδείξαντος φαιδροτέραν, δίκαιά τε πάντα πρὸς ζῆλον τῆς πρεσβυτέρας Ῥώμης δωρησαμένου, καθὰ καὶ ἐν τῷ Στρατηγίῳ λεγομένῳ φόρῳ, ἔνθα ποτὲ οἱ στρατηγοῦντες τῆς πόλεως ἄνδρες τὰς τιμὰς ὑπεδέχοντο, ἐπὶ λιθίνης ἀνέγραψε στήλης. (40.) Καὶ τῆς ἑαυτοῦ μητρὸς ἐπὶ κίονος ἀνέστησεν ἄγαλμα καὶ τὸν τόπον ὠνόμασεν Αὐγουσταῖον· καὶ τοῖς ἀκολουθήσασιν αὐτῷ ἀπὸ τῆς μεγάλης Ῥώμης συγκλητικοῖς ἐφιλοτιμήσατο οἴκους, οὓς αὐτὸς κατεσκεύασεν ἐκ χρημάτων ἰδίων. (41.) Ἐπὶ δὲ τούτῳ [Κωνσταντίου τὴν ἀρχὴν διαδεξαμένου] καὶ ὁ τῶν ὑδάτων ὁλκὸς

zogen sie es vor, ihre Hoffnung auf Niger zu setzen, der sich im Osten zum Machthaber aufgeschwungen hatte, und wagten den Widerstand gegen den Kaiser. Dieser jedoch entzog ihnen die Stadtrechte, liess die Stadtmauer schleifen und unterstellte sie der Oberhoheit der Perinthier, also den Leuten von Herakleia. **35.** (37.) Nachdem sich der Zorn des Severus gelegt hatte, gelangten sie zu noch grösserer Pracht, denn er erbaute für sie beim Altar des Zeus Hippios, das heisst beim sogenannten Hain des Herakles (wo dieser gemäss der Sage die Pferde des Diomedes zähmte und den Ort Zeuxippos nannte) mit viel Aufwand ein riesiges Bad. Und in dessen Nähe verschönerte er das Hippodrom, welches den Dioskuren geweiht war, mit Sitzbänken und Kolonnaden. (Noch heute zeigen dort die Meten die Marken, wie anhand der Eier, welche in der obigen Ausbuchtung der bronzenen Spitzsäulen lagen, die Runden gezählt wurden.). Darüber hinaus teilte er ihnen auch Gelder für das Militär zu. **36.** (38.) Solange Severus und sein Sohn Antoninus lebten, hiess die Stadt Antonina. Nachdem er aber unter den vergöttlichten Kaisern aufgenommen worden war, wurde sie wieder Byzantion genannt.

(39.) Als Konstantin die Macht über das römische Reich übernommen hatte, wurde auch die Stadt nach ihm Konstantinopel genannt; den Namenswechsel nahm sie willig auf sich, dies mit Blick auf den Ruhm, welchen der Alleinherrscher überaus liebte. Der Stadt liess er Schönheit angedeihen und machte sie dadurch bewundernswert. Er verschob die Mauern weit hinaus bis zu den sogenannten Troadesischen Säulenhallen, während sie zuvor nicht über die Agora hinausgingen, welche nun des Kaisers Namen trägt. Durch Thermen und kultische Gebäude putzte er die Stadt noch strahlender heraus, stattete sie in Nacheiferung mit dem alten Rom mit allen Rechten aus und liess diese entsprechend auf dem Forum, dem sogenannten Strategion, wo einst die Strategen der Stadt ihre Auszeichnung entgegennahmen, auf einer Stele in Stein meisseln. (40.) Ferner errichtete er auf einer Säule ein Standbild seiner Mutter und nannte den Platz Augustaion. Und die Senatoren, welche ihm aus dem erhabenen Rom gefolgt waren, bedachte er mit Häusern, für deren Bau er selbst

προσετέθη τῇ πόλει· ἀνέστησαν δὲ καὶ αἱ δύο ἀψῖδες πρὸς τῷ καλουμένῳ φόρῳ καὶ ὁ πορφυροῦς καὶ περίπβλεπτος κίων, ἐφ' οὗπερ ἱδρῦσθαι Κωνσταντῖνον ὁρῶμεν δίκην ἡλίου προλάμποντα τοῖς πολίταις. Ἐπὶ δὲ τούτοις καὶ τοὺς τῆς συγκλήτου βουλῆς ἀνῳκοδόμησεν οἴκους, Σενάτα τούτους ὀνομάσας, ἐν οἷς καὶ τοῦ Δωδωναίου Διὸς ἀνέστησεν ἄγαλμα καὶ δύο τῆς Παλλάδος ἱδρύματα καὶ τὴν τῶν βασιλείων αὐλήν. (42.) Πάντα δὲ κατὰ τὸν εἰρημένον τρόπον πληρώσας ὁ Κωνσταντῖνος καὶ τὴν τῶν ἐγκαινίων ἡμέραν κατὰ τὴν ἑνδεκάτην τοῦ Μαΐου μηνὸς ἐπιτελέσας ἐν ἔτει τῆς βασιλείας αὐτοῦ εἰκοστῷ πέμπτῳ ἱπποδρόμιον θεωρήσας διέταξεν οὕτω τὴν αὐτοῦ στήλην ἐπὶ τοὺς ἐφεξῆς χρόνους τῇ τῶν γενεθλίων ἡμέρᾳ ὁρᾶσθαι μετὰ τῆς εἰθισμένης τιμῆς τῷ κατὰ καιρὸν βασιλεύοντι καὶ τῷ δήμῳ. Οὕτω μὲν οὖν ἡ Κωνσταντινούπολις πρὸς τόδε τὸ μέγεθος ἐξενήνοχεν ἐκ διαδοχῆς βασιλευομένη μέχρι τῶν καθ' ἡμᾶς χρόνων.

37. Ἀπὸ δε τοῦ Βύζαντος μέχρι τοῦ Σευήρου ἔτη χνε'. Ὁ δὲ Σευῆρος εἰρηνικὰς σπονδὰς ποιήσας μετὰ Νιγέρου τοῦ Βυζαντίου βασιλέως, τοῦ υἱοῦ Τιμησίου, εἰσῆλθον οἱ μεγιστᾶνες αὐτοῦ εἰς τὸ Βυζάντιον ἀπὸ Ῥώμης· ἐπεὶ οὖν οἱ Βυζάντιοι ἀπὸ τῶν Μακεδόνων διείποντο, ὁ δὲ Σευῆρος ἀνῆλθε πρὸς τὸ <συμ>πολεμῆσαι τοῖς Βυζαντίοις· ἠγάγετο δὲ γυναῖκα ὁ τοῦ Νιγέρου υἱὸς τὴν θυγατέρα Σευήρου. Τὸν μέντοι στρατὸν αὐτοῦ ὁ Σευῆρος κατέλιπεν ἐν Χρυσοπόλει. Καὶ ποιήσαντες σύλλογον πρὸς ἀλλήλους ὅ τε Νίγερος καὶ ὁ Σευῆρος εἰσῆλθον μετὰ τριακοσίων μόνων. **38.** Καὶ εὐωχηθέντες μεγάλως, ἐπὶ τὴν κάτω μοῖραν τῆς τραπέζης ἤγουν τοῦ διαζυγίου ἔστησάν τινες φιλόσοφοι δύο, ὅ τε Φόρτων καὶ Μαρκίων Ῥωμαῖοι καὶ ἠρώτων πρὸς τοὺς Βυζαντίους τοὺς ἐσθίοντας· «ἠγάγομεν χαρὰν ἀκερδῆ καὶ λύπην ἀζήμιον». Προσκαλεσάμενος δὲ ὁ Νίγερος τοὺς φιλοσόφους αὐτοῦ, οὐκ ἠδυνήθησαν τοῦτο φράσαι· εἷς δὲ τῶν ἀνακειμένων ἐν τῷ συμποσίῳ γηραλέος ὢν γνοὺς τὸ ἀπόφθεγμα εἶπεν· «τοῦτό ἐστιν ἱππικὸς καὶ ἀγωνιστικὸς ἀγών». **39.** Τότε ὁ

die Kosten trug. (41.) Dazu kam noch der Aquädukt für die Stadt. Auch die beiden Bögen am sogenannten Forum wurden errichtet, zusammen mit der berühmten Porphyrsäule; darauf sehen wir eine Statue des Konstantin, der wie Helios über die Bürger strahlt. Zudem liess er die Gebäude für die Ratsversammlung erbauen und nannte sie Senat. Drinnen stellte er ein Götterbild des Zeus von Dodone auf sowie zwei Standbilder der Pallas und erbaute den Kaiserpalast. (42.) Nachdem Konstantin alles, wie erzählt, erfüllt hatte, weihte er am 11. Tag des Monats Mai im 25. Jahr seiner Herrschaft die Stadt ein. Er wohnte der Feier im Hippodrom bei und verfügte, dass in den kommenden Jahren am Geburtstag der Stadt der jeweilige Kaiser mit dem Volk sein Säulenbild aufsuchen und ehren soll. So also hat es Konstantinopel in der Abfolge der Kaiser bis heute zu dieser Grösse gebracht

Kodinos zugeschrieben

37. Von Byzas bis zu Severus waren es 655 Jahre. Nachdem Severus mit Niger, dem Herrscher von Byzantion und Sohn des Timasius, einen Friedensvertrag geschlossen hatte, reisten seine Magnaten nach Byzantion an. Da die Byzantier von makedonischer Seite bedrängt wurden, kam Severus, um die Byzantier im Kampf zu unterstützen. Nigers Sohn heiratete die Tochter des Severus. Sein Heer aber liess Severus in Chrysopolis zurück. Und nachdem sie sich zusammengeschlossen hatten, rückten Niger und Severus mit lediglich 300 Mann ein. **38.** Als sie üppig speisten, standen am unteren Tisch, das heisst von den anderen getrennt, zwei Philosophen aus Rom, Phorton und Markion, und richteten an die tafelnden Byzantier den folgenden Rätselspruch: «Gebracht haben wir Vergnügen ohne Profit und Schmerz ohne Bestrafung». Da liess Niger seine Philosophen kommen, doch sie konnten nicht deuten, was damit gemeint war. Unter jenen aber, die zu Tisch lagen, gab es einen alten Mann, der den Spruch verstand und sagte: «Das bedeutet Wagenrennen und (athletische) Wettkämpfe». **39.** Damals liess Severus zur Pflege des

Σευῆρος πρὸς θεραπείαν τοῦ συμπενθεροῦ αὐτοῦ Νιγέρου ἔκτισε δύο βαλανεῖα, ἔσωθεν μὲν τῆς πόλεως καὶ πλησίον τοῦ παλατίου τὸ καλούμενον Ζεύξιππον, ἔξωθεν δὲ τῆς πόλεως τὰ νῦν καλούμενα Καμίνια, λουτρὸν εὐμέγεθες καὶ ἀξιοθαύμαστον. Ἐκ δὲ τῆς ὑπερβολῆς τοῦ μεγέθους αὐτοῦ ἑκάστῃ ἡμέρᾳ δύο χιλιάδες ἐλούοντο. ἧπτε δὲ μετὰ τοῦ Μηδικοῦ πυρός. **40.** Τὸ δὲ νῦν σωζόμενον Ἱπποδρόμιον ἐκτίσθη παρὰ Σευήρου κήπων ὄντων ἐκεῖσε ἀδελφῶν δύο καὶ χήρας γυναικός. Μέχρι δε τοῦ Χαλκοῦ πεδίον ἦν· ἀπὸ δὲ τοῦ Χαλκοῦ μέχρι τοῦ Σφενδόνος κίονες εὐμεγέθεις ἀνηγέρθησαν (ἐξ οὗ καὶ ἡ ψυχρὰ κινστέρνα ἐστί), διότι κρημνώδης ἦν ὁ τόπος. **41.** Τὸ δὲ ἓν μέρος τῶν βαθμίδων ἀνεπληρώθη παρὰ Σευήρου, τὸ ἕτερον καταλιπὼν ἀτελὲς διὰ τὸ ἐλθεῖν αὐτῷ ἀγγελίαν ὅτι οἱ Γάλλοι πορθοῦσι τὴν Ῥώμην· <ὃ> ἀκούσας ὁ Σευῆρος παρεγένετο ἐν τῇ Ρώμῃ· νόσῳ δὲ ἐπιληψίας τελευτᾷ κρατήσας χρόνους ιζ΄. Ἀπὸ δὲ τὸν θάνατον αὐτοῦ παρῆλθον χρόνοι ξ΄ καὶ ἐπέκεινα μέχρι τῆς βασιλείας τοῦ μεγάλου Κωνσταντίνου.

42. Δύο δὲ καὶ ἑξήκοντα καὶ τριακοσίων ἐτῶν ἀπὸ τῆς Αὐγούστου Καίσαρος μοναρχίας διεληλυθότων τῇ πρεσβυτέρᾳ Ῥώμῃ καὶ τῶν πραγμάτων αὐτῆς ἤδη πρὸς πέρας ἀφιγμένων Κωνσταντῖνος ὁ Κωνσταντίου παῖς ἐπιλαβόμενος τῶν σκήπτρων τὴν Νέαν ἀνίστησι Ῥώμην Κωνσταντινούπολιν λεγομένην προθύμως ἀνασχομένην τὴν προσηγορίαν. **43.** Θαυμαστὴν γὰρ αὐτὴν ἀπεργασάμενος τῷ κάλλει πόρρωθέν τε μεταγαγὼν τὰ τείχη κατὰ τοὺς λεγομένους Τρωαδησίους ἐμβόλους λουτρά τε καὶ ἱεροὺς οἴκους ἀπέδειξεν, καθὰ καὶ ἐν τῷ Στρατηγίῳ λεγομένῳ φόρῳ, ἔνθα ποτὲ οἱ στρατηγοῦντες ἄνδρες τὰς τιμὰς ὑπεδέχοντο, ἐπὶ λιθίνης ἀνέγραψε στήλης. **44.** Καὶ τῆς μητρὸς αὐτοῦ Ἑλένης ἐπὶ κίονος ἀνέστησεν ἄγαλμα καὶ τὸν τόπον ὠνόμασεν Αὐγουστίωνα· καὶ τοῖς ἀκολουθήσασιν αὐτῷ ἄρχουσιν ἀπὸ Ῥώμης συγκλητικοῖς ἐφιλοτιμήσατο οἴκους, οὓς αὐτὸς ἔκτισεν ἐξ ἰδίων χρημάτων, οὕσπερ μετ᾽ ὀλίγον ἐροῦμεν. **45.** Ἐπὶ δὲ τούτῳ καὶ ὁ τῶν ὑδάτων ὁλκὸς προσετέθη τῇ πόλει, ἀνέστησαν δὲ καὶ αἱ δύο ἀψίδες πρὸς τῷ καλουμένῳ Φόρῳ καὶ ὁ πορφυροῦς καὶ περίπβλεπτος κίων, ἐφ᾽ οὗπερ ἵδρυται

mit ihm verschwägerten Niger zwei Bäder errichten, das eine namens Zeuxippos innerhalb der Stadt, nahe beim Palast, das andere ausserhalb der Stadt, jetzt Kaminia (‹die Öfen›) genannt, ein sehr geräumiges, wunderbares Bad. Weil es so riesig war, badeten dort täglich zweitausend Leute. Man heizte es durch ein Medisches Schwitzbad. **40.** Zudem baute er das Hippodrom, welches bis heute erhalten geblieben ist, an dem Ort, wo die Gärten von zwei Brüdern und einer Witwe lagen. Bis zum Bronzenen Obelisken war eine ebene Fläche. Und vom Bronzenen Obelisken bis zur Sphendone wurden ziemlich grosse Säulen aufgerichtet (wo sich die Kalte Zisterne befindet), weil das Terrain abschüssig war. **41.** Von den Zuschauerrängen wurde unter Severus nur ein Teil fertiggebaut, den anderen liess er unvollendet, weil ihn die Nachricht ereilt hatte, die Gallier stünden vor Rom. Auf diese Kunde hin kehrte er nach Rom zurück. Er starb an Epilepsie nach siebzehn Jahren Regierung. Nach seinem Tod vergingen sechzig und mehr Jahre bis zur Herrschaft von Konstantin dem Grossen.

42. Dreihundert und zweiundsechzig Jahre, seit Kaiser Augustus die Alleinherrschaft erlangt hatte, waren am älteren Rom vorbeigegangen, und seine Macht neigte sich bereits dem Ende zu. Da übernahm Konstantin, Sohn des Constantius I. (Chlorus), die Herrschergewalt und baute das Neue Rom namens Konstantinopel, wo der Namenswechsel gerne angenommen wurde. **43.** Der Stadt liess er nämlich bewundernswerte Schönheit angedeihen, indem er die Mauern bis zu den sogenannten Troadesischen Säulenhallen verschob; zudem stattete er sie mit Thermen und kultischen Gebäuden aus und liess dies entsprechend auf dem Forum, dem sogenannten Strategion, wo einst die Strategen der Stadt ihre Auszeichnung entgegennahmen, auf einer Stele in Stein meisseln. **44.** Er errichtete ferner von seiner Mutter Helena ein Standbild auf einer Säule und nannte den Platz Augustion. Und die amtierenden Senatoren, welche ihm aus Rom gefolgt waren, bedachte er mit Häusern, für deren Bau er selbst aufkam; darüber werden wir noch sprechen. **45.** Dazu kam der Aquädukt für die Stadt. Auch die beiden Bögen am sogenannten Forum wurden errichtet, zusammen mit der berühmten Porphyrsäule,

Κωνσταντῖνος· ὃν ὁρῶμεν δίκην Ἡλίου τοῖς πολίταις ἐκλάμποντα. [45a. Τοῦτο γοῦν τὸ ἄγαλμα κατέπεσεν ἀπὸ τοῦ κίονος καὶ φόνον τῶν ἐκεῖσε παρευρεθέντων ἀνδρῶν τε καὶ γυναικῶν ὡσεὶ δέκα εἰργάσατο κατὰ τὴν πέμπτην δηλαδὴ τοῦ Ἀπριλλίου μηνός, τῆς τεσσαρεσκαιδεκάτης ἰνδικτιῶνος τοῦ ἑξακισχιλιοστοῦ ἑξακοσιοστοῦ τεσσαρεσκαιδεκάτου ἔτους, εἰκοστὸν ἔτος ἀγούσης τῆς βασιλείας τοῦ κυρίου Ἀλεξίου τοῦ Κομνηνοῦ. Ὥρα ἦν ὡσεὶ τρίτη, ὅτε καὶ γνόφος γέγονεν καὶ βίαιος νότος ἔπνευσε σφοδρόν, τοῦ κομήτου ἀστέρος τοῦ Ἀκοντίου κληθέντος καὶ τὸν τοιοῦτον τοῦ ἀέρος τάραχον ἐξεργασαμένου, τοῦ φανέντος κατὰ τὴν ἑσπέραν τῆς παρασκευῆς τῆς πρώτης ἑβδομάδος· καθ' ἣν ἐνάτην εἶχεν ὁ Φεβρουάριος μὴν τῆς τεσσαρεσκαιδεκάτης ἰνδικτιῶνος τοῦ ἑξακισχιλιοστοῦ ἑξακοσιοστοῦ τεσσαρεσκαιδεκάτου ἔτους· καὶ οὕτω διηρκέσατο.] **46.** Ἐπὶ τούτοις καὶ τοὺς τῆς συγκλήτου βουλῆς ἀνῳκοδόμησεν οἴκους Σενάτον τούτους ὀνομάσας, ἐν οἷς καὶ τὸ Δωδωναίου Διὸς ἀνέστησεν ἄγαλμα καὶ δύο τῆς Παλλάδος ἱδρύματα, καὶ τὴν τῶν βασιλείων αὐλήν.

47. Ἐφιλοτιμήσατο δὲ τῷ δήμῳ καθ' ὃν ὑπάτευσε χρόνον ἄρτους ἡμερησίους, ὀνομάσας αὐτοὺς παλατίνους ὡς ἐκ τοῦ παλατίου χορηγουμένους, καὶ οἶνον καὶ κρέας καὶ ἔλαιον καὶ σιτηρέσια τάξας, ὧν καὶ μέχρι τοῦ νῦν ἡ πόλις ἀπολαύει τῶν ὑπ' αὐτοῦ ῥιφέντων καλάμων φέρουσα τὰ γνωρίσματα, νόμους τε πολλοὺς καὶ συμβόλαια <περὶ τῶν> καθ' ἑκάστην τιθεὶς ἀπὸ τοῦ βελτίστου καὶ δικαίου, τείχεσίν τε μεγίστοις περιβαλὼν τὴν πόλιν καὶ διαφόροις κοσμήσας τρόποις ὡς πρὸς ζῆλον ἀπεργάσασθαι τῆς πρεσβυτέρας Ῥώμης. **48.** Ὠικοδόμησεν δὲ παραχρῆμα καὶ ἱεροὺς οἴκους, ἕνα μὲν ἐπώνυμον τῆς ἁγίας Εἰρήνης, ἕτερον δὲ τῶν Ἀποστόλων· καὶ τὰ τῶν Ἑλλήνων πάντα καθεῖλε θρησκεύματα, πολλοὺς δὲ ναοὺς ἀνήγειρεν, οὕστινας εἴπωμεν μετ' ὀλίγον.

49. Ἔκτισε δὲ δρομικὴν τὴν ἁγίαν Σοφίαν καὶ ξυλόστεγον. Ἀπὸ δὲ τῆς ἁγίας Σοφίας στῆλαι ἀφῃρέθησαν ἐξ αὐτῆς υκζ', πλεῖαι μὲν Ἑλλήνων ὑπάρχουσαι, αἵτινες ἐκ τῶν πολλῶν ὑπάρχουσιν τοῦ τε Διὸς καὶ Κάρου τοῦ πατροιοῦ Διοκλητια-

auf welcher Konstantin thront und – so der Anblick – über seinen Untertanen wie Helios strahlt. [**45a.** Diese Statue jedenfalls fiel von der Säule herunter und tötete die Männer und Frauen, ungefähr zehn an der Zahl, die sich gerade dort befanden; das war angeblich am 5. April der 14. Indiktion des Jahres 6614 (1106), im zwanzigsten Regierungsjahr von Kaiser Alexios (I.) Komnenos. Es war ungefähr um die dritte Stunde, als es dunkel wurde und ein stürmischer Wind aus Süden wehte; denn der Komet, den man den Spiess nennt, hatte diesen Wirbelsturm verursacht. Aufgetreten ist er am Freitagabend der ersten Woche, am 9. Februar der 14. Indiktion des Jahres 6614; und hörte nicht auf.] **46.** Zudem liess Konstantin die Gebäude für die Ratsversammlung erbauen und nannte sie Senat. Drinnen stellte er ein Götterbild des Zeus von Dodone auf sowie zwei Standbilder der Pallas und erbaute den Kaiserpalast.

47. Während seines Konsulats liess er der Bevölkerung täglich grosszügig Brot zukommen und nannte die Brotlaibe ‹Palatiner›, kam doch der Kaiserpalast für sie auf; dazu bestimmte er auch Rationen an Wein, Fleisch, Öl und Getreide. In deren Genuss kommt die Stadt bis heute, indem sie die Lebensmittelmarken annimmt, welche er austeilte. In Hinsicht auf Staatswohl und Gerechtigkeit erliess er viele Gesetze und auch Anordnungen, welche das tägliche Leben betreffen. Die Stadt umgab er mit riesigen Mauern und verschönerte sie in unterschiedlicher Weise, um das ältere Rom auf sie neidisch zu machen. **48.** Unverzüglich machte er sich an den Bau von Kirchen, eine im Namen der heiligen Eirene, eine andere im Namen der Apostel, zerstörte alle Kulte der Heiden und errichtete zahlreiche Gotteshäuser, auf welche wir jetzt zu sprechen kommen wollen.

49. Er baute die Hagia Sophia als Langhaus mit hölzernem Dach. Aus der Hagia Sophia wurden 427 Bildsäulen entfernt, die meisten davon heidnische. Aus dieser Menge waren es die Bildnisse von Zeus und von Karos, dem Stiefvater Diokletians,

νοῦ καὶ τὸ δωδεκάζῳδον καὶ ἡ Σελήνη καὶ ἡ Ἀφροδίτη καὶ ὁ Ἀρκτοῦρος ἀστὴρ παρὰ δύο Περσικῶν στηλῶν βασταζόμενος καὶ ὁ νότιος πόλος καὶ ἱέρεια τῆς Ἀθηνᾶς ἀπὸ τοῦ πλευροῦ τὸν Ἥρωνα φιλόσοφον μαντεύουσα· ἐκ δὲ τῶν Χριστιανῶν ὀλίγαι μὲν ὡσεὶ π′ **50.** Ἔκτισεν δὲ καὶ τὸν ἅγιον Ἀγαθόνικον καὶ τὸν ἅγιον Ἀκάκιον καὶ τοὺς ἁγίους Ἀποστόλους σὺν τῇ μητρὶ αὐτοῦ, δρομικὴν ξυλόστεγον ποιήσας, καὶ μνημοθέσιον τῶν βασιλέων, ἐν ᾧ κεῖται αὐτός.

51. Χρὴ δὲ γινώσκειν ὅτι τοῦ Βύζαντος τὰ παλάτια ἐν τῇ ἀκροπόλει ἦσαν. Ὁ δὲ ναὸς τοῦ ἁγίου Μηνᾶ ὑπῆρχε πρότερον τοῦ Διός· ἐξ οὗ καὶ εἰς τὰς μαρμαρίνους ἀψίδας τὰς ὕπερθεν τῶν μεγάλων δύο κιόνων ὑπάρχουσι τοῦ μεγάλου Διὸς καὶ τοῦ Κρόνου αἱ στῆλαι. Ἔθος γὰρ ἦν τοῖς παλαιοῖς εἰς τὰς ἀκροπόλεις κτίζειν τὰς ἑαυτῶν κατοικίας ἤγουν παλάτια. **52.** Ἤρχετο δὲ τὸ τεῖχος ἀπὸ τοῦ τείχους τῆς ἀκροπόλεως καὶ διήρχετο εἰς τὸν Εὐγενίου πύργον καὶ ἀνέβαινεν μέχρι τοῦ Στρατηγίου καὶ ἤρχετο εἰς τὸ Ἀχιλλέως λοετρόν· ἡ δὲ ἐκεῖσε ἀψὶς ἡ λεγομένη νῦν Οὐρβίκιος πόρτα ἦν χερσαία τῶν Βυζαντίων. Καὶ ἀνέβαινεν εἰς τὰ Χαλκοπρατεῖα τὸ τεῖχος ἕως τοῦ Μιλίου· ἦν δὲ κἀκεῖσε πόρτα τῶν Βυζαντίων χερσαία· καὶ διήρχετο εἰς τοὺς πλεκτοὺς κίονας τῶν Τζυκαλαρείων καὶ κατέβαινε τὸ τεῖχος εἰς τοὺς Τόπους καὶ ὑπέκαμπτεν εἰς ἀκρόπολιν διά τε τῶν Μαγγάνων καὶ Ἀρκαδιανῶν . Εἶχεν δὲ πύργους τὸ ὅλον τεῖχος κζ′. Αὕτη δέ ἐστιν ἡ σχηματογραφία τοῦ Βύζαντος.

53. Ἡ δευτέρα σχηματογραφία, ἣν μετέθηκεν ὁ μέγας Κωνσταντῖνος, ἐστὶν αὕτη· προσέθηκεν τὸ τεῖχος ἀπὸ μὲν τοῦ Εὐγενίου μέχρι τοῦ ἁγίου Ἀντωνίου, ἀπὸ δὲ τοὺς Τόπους μέχρι τῆς παναγίας θεοτόκου τῆς Ῥάβδου. Καὶ ἀνέβαινεν ἕως τοῦ Ἐξακιονίου τὸ χερσαῖον τεῖχος ἀπὸ τῆς Ῥάβδου καὶ κατέβαινεν μέχρι τῆς παλαιᾶς πόρτας τοῦ Προδρόμου καὶ τῆς μονῆς τοῦ Δίου καὶ τὰ Ἰκασίας καὶ διήρχετο μέχρι τῆς Βώνου καὶ εἰς τὸν ἅγιον Μανουήλ, Σαβὲλ καὶ Ἰσμαήλ (ἐν ᾧ τόπῳ ἀνῃρέθησαν οἱ ἅγιοι) καὶ διήρχετο εἰς τὰ Ἀρματίου καὶ μέχρι τοῦ ἁγίου Ἀντωνίου καὶ ἔκαμπτεν ἕως τοῦ Εὐγενίου. Διήρκεσε δὲ οὕτως τὸ τεῖχος ἔτη ρλβ′, δέκα βασιλέων

ferner der Tierkreis sowie Selene, Aphrodite, der Stern Arktur, der von zwei persischen Stelen getragen wird, zudem der Südpol und eine Athenapriesterin, die dem Philosophen Heron von der Seite her weissagt. An christlichen Standbildern gab es nur wenige, ungefähr achtzig. **50.** Er baute auch die Kirchen des heiligen Agathonikos, des heiligen Akakios und zusammen mit seiner Mutter die Apostelkirche im Basilikastil mit Holzdach sowie ein Mausoleum für die Kaiser, in welchem er selbst zur Ruhe gebettet ist.

51. Man muss wissen, dass die Residenz des Byzas auf der Akropolis lag. Die Kirche des heiligen Menas war früher ein Tempel des Zeus. Dorther stammen auch die Statuen des grossen Zeus und des Kronos auf den Marmorbögen, welche von zwei massiven Pfeilern getragen werden. Die Alten hatten nämlich die Sitte, ihre Häuser, das heisst ihre Paläste, auf den Akropolen anzulegen. **52.** Die Stadtmauer begann mit der Mauer auf der Akropolis, erstreckte sich bis zum Turm des Eugenios, führte hinauf bis zum Strategion und ging weiter bis zum Bad des Achilleus. Der dortige Bogen, der jetzt Urbikios heisst, war in Byzantion ein Tor zur Landseite. Dann stieg die Mauer über den Kupfermarkt (τὰ Χαλκοπρατεῖα) bis zum Milion an. Auch dort gab es zur Zeit der Byzantier ein Landtor. Danach führte die Mauer weiter zu den gedrehten Säulen des Töpfermarktes (τὰ Τζυκαλαρεῖα), dann hinunter zu den Topoi und bog durch Mangana sowie Arkadianai ab zurück zur Akropolis. Die ganze Mauer hatte siebenundzwanzig Türme. Soweit der Stadtplan des Byzas.

53. Der spätere Stadtplan, den Konstantin mit Veränderungen verwirklichte, ist der folgende: Er verlängerte die Mauer vom Eugenios(turm) bis zu Heilig Antonios und von den Topoi bis zur <Kirche der> allerheiligsten Gottesmutter vom Stab. Und von ebendort stieg die Landmauer an bis zum Exakionion, führte hinab bis zum alten Prodromostor (d. h. des Johannes des Täufers) sowie zum Kloster des Dios und zum Konvent der Kassia, verlief bis zur Zisterne des Bonos und zur Kirche von Heilig Manuel, Sabel und Ismael (dem Ort, wo die Märtyrer hingerichtet worden waren) und ging weiter in Richtung des Armatiosquartiers bis zu Heilig Antonios und bog dann zum Eu-

αὐτοκρατορησάντων. Αὕτη τοῦ μεγάλου Κωνσταντίνου ἡ σχηματογραφία. [54. Δεῖ εἰδέναι ὅτι ὁ μέγας Κωνσταντῖνος ἤρξατο κτίζειν τὴν Κωνσταντινούπολιν ἐν ἔτει ἀπὸ κτίσεως κόσμου ,εωκη', κρατήσας ἐν αὐτῇ χρόνους ιθ'. Περαιωθέντος οὖν τοῦ ἑνδεκάτου ἐνιαυτοῦ τοῦ αὐτοῦ βασιλέως καὶ ἀρχὴν λαβόντος τοῦ δωδεκάτου ἔτους ἐπεχείρησεν ἡ Βύζαντος πόλις κτίζεσθαι.]

55. Χρὴ δὲ γινώσκειν, ὅτι τῷ ,εωλζ' ἔτει τοῦ κόσμου, τῷ τρίτῳ μηνὶ τῆς δευτέρας ἐπινεμήσεως, τῇ εἰκοστῇ ἕκτῃ τοῦ Νοεμβρίου μηνός, ἡμέρᾳ τετάρτῃ ὄντος τοῦ ἡλίου εἰς τοῦ τοξότου τὸ ζῷδον (ὡροσκόπει δὲ Καρκῖνος), τὸ πρῶτον ἔτος τῆς σξε' ὀλυμπιάδος, ἐπήξαντο τοὺς θεμελίους τῶν δυσικῶν τειχῶν τῆς Κωνσταντινουπόλεως. Καὶ ιθ' μησὶ τό τε χερσαῖον καὶ παράλιον τεῖχος μετὰ καὶ πλείστων οἰκοδομημάτων τῶν ἐν τῇ πόλει δομηθέντων ἀπαρτίσαντες, τῇ ἑνδεκάτῃ τοῦ Μαίου μηνὸς τὰ ἐγκαίνια τῆς πόλεως [ἡμέρας δευτέρας ἰνδικτιῶνος τρίτης ἔτους ,εωλη'] γεγόνασι καὶ προσηγορεύθη ἡ πόλις Κωνσταντινούπολις. [56. Ὁ αὐτὸς ἦρξεν ἐν Ῥώμῃ μετᾶ Μαξιμιανοῦ καὶ Μαξεντίου ἔτη ἑπτά, μόνος δὲ ἔτη ἕτερα ἕξ, ὡς εἶναι ὁμοῦ τὰ ὅλα ἔτη τῆς αὐτοῦ βασιλείας τριάκοντα δύο, ἐν Ῥώμῃ δὲ δεκατρία, καὶ ἐν Κωνσταντινουπόλει δεκαεννέα.]

57. Ἐπὶ δὲ τῇ τῶν ἐγκαινίων ἡμέρᾳ διέταξεν ἐπὶ τοὺς ἐφεξῆς χρόνους τὴν αὐτοῦ στήλην ὁρᾶσθαι μετὰ τῆς εἰθισμένης τιμῆς ἱππικοῦ ἀγομένου τῷ κατὰ καιρὸν βασιλεύοντι καὶ τῷ δήμῳ καὶ ἀνέρχεσθαι μέχρι τοῦ στάματος. 58. Ταῦτα ἐπράχθη τῷ δωδεκάτῳ ἔτει τῆς βασιλείας τοῦ μεγάλου καὶ ἐν ἁγίοις Κωνσταντίνου, συμπραττόντων καὶ συνευδοκούντων εἰς τὴν οἰκοδομὴν τῆς θεοφρουρήτου Κωνσταντινουπόλεως Εὐφρατᾶ τε φημὶ τοῦ παρακοιμωμένου καὶ Οὐρβικίου καὶ Ὀλυβρίου πραιποσίτου καὶ Ἰσιδώρου καὶ Εὐστοργίου καὶ Μιχαὴλ πρωτοβεστιαρίου ἀμφοτέρων πατρικίων, καὶ Ὀνωρησίου ἐπάρχου, καθὼς ἱστοροῦσιν Εὐτυχιανὸς πρωτοασηκρήτης ὁ γραμματικὸς, ὁ συμπαρὼν τῷ παραβάτῃ Ἰουλιανῷ ἐν Περσίδι, Εὐτρόπιός τε ὁ σοφιστὴς καὶ ἐπιστολογράφος Κωνσταντίνου, Ἐλεύσιός τε διάκονος ὁ φιλόσοφος καὶ Τρωΐλος ὁ ῥήτωρ ὁ πολλὰς ἀρχὰς διανύσας μετὰ

genios(turm) ab. Die Mauer hatte diesen Bestand für 132 Jahre, die Regierungszeit von zehn Kaisern. Das also war der Stadtplan Konstantins des Grossen. [**54.** Man muss wissen, dass Konstantin der Grosse im Weltjahr 5828 Konstantinopel zu bauen begann und dort neunzehn Jahre herrschte. Nachdem elf Jahre Regierungszeit vergangen waren und das zwölfte begann, nahm die Stadt des Byzas erste Gestalt an.]

55. Auch gilt es zu wissen, dass man die Fundamente der westlichen Mauern von Konstantinopel im Weltjahr 5837 legte, im dritten Monat der zweiten Indiktion, am 26. November, einem Mittwoch, als die Sonne im Zeichen des Schützen (im Horoskop war es der Krebs) stand, im ersten Jahr der 265. Olympiade. Innerhalb von neunzehn Monaten vollendeten sie die Land- sowie die Seemauern zusammen mit der Mehrzahl der Gebäude, welche in der Stadt zu errichten waren. Und am 11. Mai [einem Montag der dritten Indiktion des Jahres 5838] wurde die Stadt mit dem Namen Konstantinopel eingeweiht. [**56.** Derselbe regierte in Rom mit Maximian und Maxentius sieben Jahre lang, als Alleinherrscher weitere sechs Jahre, sodass seine gesamte Regentschaft zweiunddreissig Jahre betrug, davon dreizehn in Rom und neunzehn in Konstantinopel.]

57. Am Tag der Einweihung verfügte er, dass in Zukunft bei einem Wagenrennen sein Standbild mit der üblichen Ehrung dem jeweiligen Kaiser sowie dem Volk gezeigt und zum Stama hinaufgebracht werden soll. **58.** Beschlossen worden war dies im zwölften Regierungsjahr von Konstantin dem Grossen, der unter die Heiligen aufgenommen wurde. Beim Bau der gottbeschützten Stadt von Konstantinopel haben die folgenden Personen mitgewirkt und die Entschlüsse mitgetragen: Euphratas der Parakoimomenos, wie ich meine, und Urbikios, Olybrios der Praepositus, Isidoros, Eustorgios und der Protovestiarius Michael, alle Patrikioi; ferner der Präfekt Honoresios, so berichten es Eutychianos, der Kanzleivorsteher und Grammatiker, der zusammen mit Julian Apostata in Persien gewesen war, sowie Eutropios, der Sophist und Konstantins Briefschreiber (Privatsekretär), der Diakon und Philosoph Eleusios, dann auch Troilos, der Rhetor und

δόξης καὶ Ἡσύχιος ὁ ταχυγράφος – οὗτοι πάντες αὐτόπται καὶ θεαταὶ γενόμενοι τῶν τηνικαῦτα πραχθέντων ἀκριβῶς. **59.** Ἐν δὲ τῷ αὐτῷ δωδεκάτῳ ἔτει τῆς βασιλείας αὐτοῦ ἐποίησεν ὡς εἴρηται μείζονα τὴν Βυζαντίων πόλιν, ἐκάλεσέν τε αὐτὴν Κωνσταντινούπολιν· ἔκτισέ τε τὰ παλάτια ἀπό τε τῆς Χαλκῆς καὶ τῶν Ἐξκουβίτων καὶ τῶν Σχολῶν· καὶ τοῖς ἁγίοις Ἀποστόλοις ναὸν ἀνήγειρεν ἐκεῖσε καὶ τὴν θόλον τῆς Ἑπταλύχνου, ἣ καὶ μέχρι τοῦ νῦν σώζεται ἔσωθεν τῶν Σχολῶν, καὶ τὸ Τριβουνάλιον καὶ τὰ νῦν ὀνομαζόμενα Νούμερα, καὶ αὐτὰ εἰς παλάτιον, καὶ τὰ ιθ′ Ἀκούβιτα καὶ τὸ Στέψιμον καὶ τὸν ναὸν τοῦ ἁγίου Στεφάνου, ὅνπερ εἶχεν χειμέριον κοιτῶνα. **60.** Ἀνήγειρεν δὲ καὶ τὴν Μαγναῦραν καὶ τοῦ Κυρίου τὴν ἐκκλησίαν καὶ τὸ Γενικὸν καὶ τὸ Ἰδικὸν καὶ τὸ Βεστιάριον καὶ τῶν Καβαλλαρίων καὶ τὸ Σίγμα καὶ τὸ Ὠάτον τὸ πρὸς τὴν Νέαν καίμενον καὶ μέχρι τῆς Σιδηρᾶς ὀνομαζομένης καὶ τὸ κάτοπτρον τὸ λοετρὸν καὶ τὰ παλάτια τὰ ἐπάνω μέχρι τοῦ Γερανίου καὶ τὸ Χρυσόκλαβον καὶ τὸ μέγα λοετρὸν τοῦ Οἰκονομίου τὸ πλησιάζον εἰς τὸ Τζυκανιστήριον, ἔχον ἑπτὰ ἐνθήκας καὶ δώδεκα στοὰς καὶ κολυμβήθραν εὐμεγέθη· ἔνζωδον δὲ ὑπῆρχεν· καὶ αἱ μὲν ἑπτὰ ἐνθῆκαι εἰς μίμησιν τῶν ἑπτὰ πλανήτων, αἱ δὲ δώδεκα στοαὶ κατὰ τῶν ιβ′ μηνῶν τὰς κράσεις. Ἐσώζετο δὲ καὶ ἧπτε μέχρι τοῦ Νικηφόρου τοῦ Φωκᾶ. Ὁ δὲ Ἰωάννης ὁ Τζιμισκὴς κατέλυσεν αὐτὸ καὶ ἐκ τῆς ὕλης ἔκτισεν τὴν Χαλκῆν, ἐν ᾗ καὶ ἐτάφη.

61. Βουλόμενος δὲ κτίσαι ἱππικὸν κατὰ μίμησιν τῆς Ῥώμης εὗρεν τὸ τοῦ Σεβήρου καὶ ἀνεπλήρωσεν αὐτὸ ἤγουν τὸ ἓν μέρος τῶν βαθμίδων καὶ τῶν δύο περιπάτων καὶ τὸ ἄνω τῶν καγκέλλων καὶ τὸν Σφενδόνα καὶ τοὺς καμπτῆρας καὶ τοὺς δήμους. **62.** Πάντα δὲ τὰ χαλκουργεύματα καὶ τὰ ξόανα ἐκ διαφόρων ναῶν καὶ πόλεων ἀθροίσας ἔστησεν αὐτὰ εἰς διακόσμησιν τῆς πόλεως, ὁμοίως δὲ καὶ τούς κίονας τῶν περιπάτων· ἐπάτωσε δὲ τοὺς αὐτοὺς περιπάτους μετὰ συγκοπῆς. Καὶ ἐπετέλεσεν αὐτὸς πρῶτος γυμνικὸν καὶ ἱππικὸν ἀγῶνα. Ὁ δὲ ἔχων τοὺς ὀνύχους πόδας ἧκεν ἀπὸ τῆς με-

angesehene Inhaber zahlreicher Ämter, sowie der Stenograph Hesychios. Sie alle waren Augenzeugen und schauten, dass die Aufträge dann richtig durchgeführt wurden. **59.** Im gleichen zwölften Jahr seiner Regierungszeit erweiterte er, wie erwähnt, die Stadt der Byzantier und gab ihr den Namen Konstantinopel. Zudem baute er die Residenz, angefangen bei der Chalke, den Exkubita und den Scholai. Auch errichtete er dort eine Kirche zu Ehren der heiligen Apostel und den Kuppelbau der Sieben Leuchter, welcher bis heute innerhalb der Scholai erhalten ist, ferner das Tribunal und die Numera, wie sie jetzt heissen, welche sich ebenfalls auf dem Palastgelände befinden, dazu die Halle der Neunzehn Speisesofas, den Kranzsaal und die Kirche des heiligen Stephanos, welche er als Wohnung im Winter benutzte. **60.** Auch die Magnaura baute er und die Christuskirche, das Genikon, das Idikon sowie das Vestiarium, das Quartier der berittenen Garde, das Sigma sowie das Oaton, welches zur Nea hin liegt. Kommen hinzu die Gebäude bis zum Eisernen Tor und zum Spiegelbad, ferner der obere Residenzteil bis zum Geranion, das Chrysoklabon und in der Nähe vom Tzykanisterion das grosse Bad des Oikonomion, welches sieben Höfe, zwölf Hallen sowie ein grosses Schwimmbecken hatte und mit Statuen ausgeschmückt war. Einerseits standen die sieben Höfe für die sieben Planeten, andererseits entsprachen die zwölf Hallen der jeweiligen Temperatur der Monate. Es war erhalten geblieben und in Betrieb bis zu Nikephoros Phokas (963–969). Johannes Tzimiskes (969–976) jedoch liess es abreissen und restaurierte aus dem Material die Chalke, wo er auch begraben wurde.

61. Als er ein Hippodrom in Nachahmung des römischen bauen wollte, stiess er auf jenes von Severus und beendete es, nämlich die eine Seite mit den Zuschauerrängen sowie die beiden Umgänge, dazu den oberen Teil der Schranken, die Sphendone, die Wendemarken und (die Sitze) für die Zirkusfaktionen. **62.** Zur Verschönerung von Konstantinopel sammelte er aus den Tempeln und Städten alle Bronzestatuen und Standbilder, ebenso die Säulen für die Umgänge; und diese belegte er mit Mosaik. Und er führte als erster athletische Wettkämpfe und Wagenrennen ein. Und was da Hufe als Füsse hat, kam aus dem grossen An-

γάλης Ἀντιοχείας· ἔστιν δὲ ὁ Βελλεροφόντης καὶ ἐσέβοντο αὐτὸν ἐκεῖσε. Ὅσα δὲ ἀγάλματα καὶ τίνες εἰσὶ καὶ πόθεν ἥκασιν ἕκαστον καὶ διὰ τί ἐστηλώθησαν, ἔσχατον λεπτομερῶς ἐροῦμεν εἰς τὰ Περὶ κτισμάτων.

63. Θέλων δὲ οἰκίσαι ὁ μέγας Κωνσταντῖνος τὴν πόλιν αὐτοῦ, μάλιστα δὲ τοὺς Ῥωμαίους εἰς τὸ Βυζάντιον ἀγαγεῖν, ἔλαβεν ἐξ αὐτῶν λαθραίως τὰ δακτυλίδια αὐτῶν, ἑνὸς ἑκάστου ἰδίως, καὶ ἀπέστειλεν αὐτοὺς ἐπὶ τὸν βασιλέα τῶν Περσῶν, ὅστις ἐκαλεῖτο Σάρβαρος, τέσσαρας μὲν μαγίστρους, τὸν Ἄδδαν, τὸν Πρωτάσιον, τὸν Σκόμβρον, τὸν Φιλόξενον, ὀκτὼ δὲ πατρικίους, τὸν Δομνῖνον, τὸν Πρόβον, τὸν Δαρεῖον, τὸν Μαῦρον, τὸν Ῥοδανόν, τὸν Σαλλούστιον τὸν ἔπαρχον, τὸν Μόδεστον, τὸν Εὔβουλον. **64.** Μετὰ πλείστου στρατοῦ, ὡς εἴρηται, ἐξαπέστειλεν αὐτοὺς ποιήσαντας ις′ μῆνας ἐν τῇ Περσίδι. Ὁ δὲ μέγας Κωνσταντῖνος ἀποστείλας εἰς Ῥώμην ἀνελάβετο τὰς γυναῖκας καὶ τὰ τέκνα καὶ τὰς φαμιλίας αὐτῶν· ὥρισε δὲ καὶ κτίστας μηχανικούς, ἵνα θεάσωνται τοὺς οἴκους αὐτῶν καὶ τοὺς τόπους ἑνὸς ἑκάστου πῶς κεῖνται. Καὶ ὡς εἶδον τὰς οἰκίας αὐτῶν, ἑτέρας ἐπὶ τὸν αἰγιαλὸν τῆς θαλάσσης, ἄλλας ἐπὶ τὰς ἠπείρους, καὶ τὰ σχήματα τῶν κτισμάτων καὶ τὰς ἀνόδους οἷαι ἦσαν κοχλιοειδεῖς, καὶ λαβόντες τὰς φαμιλίας αὐτῶν τῶν συγκλητικῶν ἀνῆλθον ἐπὶ τὸ Βυζάντιον καὶ ἀνθομοίους ἔκτισαν τοὺς οἴκους αὐτῶν· καὶ ἐκάθισεν ἐκεῖσε τὰς φαμιλίας αὐτῶν. **65.** Ἐλθόντες οὖν ἀπὸ τῆς Περσίδος μετὰ νίκης ἀναλαβόμενοι καὶ πάκτα κεντηνάρια τξε′, δεξάμενος δὲ αὐτοὺς ὁ βασιλεὺς καὶ ποιήσας εὐωχίας εἶπεν αὐτοῖς· «θέλετε ἀπελθεῖν εἰς Ῥώμην;» δοκιμάζων αὐτούς· οἵτινες ἔφησαν μὴ κατελθεῖν μέχρι δύο μηνῶν. Ὁ δὲ βασλιεὺς ἔφη· «ἀπόψε ἔχω δοῦναι ὑμῖν τὰς οἰκίας ὑμῶν.» Προστάξας δὲ Εὐφρατὰν τὸν παρακοιμώμενον αὐτοῦ (ὅστις ἐποίησεν τὸν Κωνσταντῖνον Χριστιανόν) ἕνα ἕκαστον ἀπέδωκεν τοὺς αὐτῶν οἴκους. **66.** Ἰδόντες δὲ τοὺς πυλῶνας αὐτῶν καὶ τὰς αὐλὰς καὶ τὰς ἀνόδους ὅτι ὅμοια τῆς Ῥώμης εἰσὶ καὶ τα μέτρα καὶ τὰ σχήματα καὶ τὰ ὕψη, καὶ τὴν ἀπόβλεψιν τῶν θυρίδων, ἔδοξαν εἶναι ἐν φαντασίᾳ ἐν Ῥώμῃ. Εὑρόντες δὲ καὶ τὰς φαμιλίας αὐτῶν ἐξεπλάγησαν·

tiocheia; (auf dem Pegasos) ist nämlich Bellerophon dargestellt, den sie dort verehrten. Wie viele Skulpturen es sind, wen sie darstellen, woher eine jede stammt und weshalb sie aufgestellt wurden, wollen wir später detailliert im Buch *Über Bauten* berichten.

63. Konstantin der Grosse wollte seine Stadt besiedeln und vor allem die Römer nach Byzantion bringen. Also nahm er heimlich ihre Ringe weg, von jedem einzelnen separat, und sandte sie zum persischen König namens Sarbaros, einerseits vier Magistroi, Addas, Protasios, Skombros, Philoxenos, und andererseits acht Patrikioi, nämlich Domninos, Probos, Dareios, Mauros, Rhodanos, den Präfekten Sallustios, Modestos und Eubulos. **64.** Er sandte sie, wie es heisst, mit einem sehr grossen Heer aus; sechzehn Monate blieben sie in Persien. Konstantin der Grosse schickte nach Rom und liess ihre Frauen, Kinder und Familien holen. Er bestimmte ferner, dass kompetente Baumeister deren Häuser genau studieren sollten und zugleich deren jeweilige Lage. Und wie sie deren Häuser beschauten, die einen an der Meeresküste gelegen, die anderen landeinwärts, zudem die Form der Gebäude und sahen, wie die Aufgänge als Wendeltreppen angelegt waren, da nahmen sie die Familien ebendieser Senatoren mit, segelten mit ihnen nach Byzantion und bauten für sie die Häuser im gleichen Stil. Und so siedelte er ihre Familien dort an. **65.** Als sie nun aus Persien siegreich zurückkamen und als Tribut 365 Zentner (Gold) mitbrachten, empfing sie der Kaiser mit einem Festessen und fragte sie: «Wollt ihr nach Rom zurückkehren?», um sie so auf die Probe zu stellen. Sie sagten, sie würden nicht vor zwei Monaten dorthin gehen. Darauf sagte der Kaiser: «Heute Abend kann ich euch eure Häuser geben». Er beauftragte seinen Parakoimomenos Euphratas (der Konstantin zum Christentum bekehrt hatte) und gab einem jeden von ihnen sein Haus. **66.** Als sie sahen, dass ihre Eingangstore, die Höfe sowie die Aufgänge sich von jenen in Rom nicht unterschieden und auch die Masse, Formen und Höhe dieselben waren sowie der Ausblick von den Fenstern, glaubten sie in ihrer Phantasie in Rom zu sein. Und als sie ihre Familien vorfanden, waren sie verblüfft. Und wie jeder von ihnen sich mit seiner Familie unterhielt, da be-

ὁμιλησάντων δὲ ἑκάστου αὐτῶν τὰς φαμιλίας αὐτῶν, τότε ἐπίστευσαν, ὅτι οὐκ ἔστιν φάντασμα, ἀλλὰ φρόνησις τοῦ βασιλέως, ὅτι ἄκοντας καὶ μὴ βουλομένους ἡμᾶς ἐνῴκισεν ἐνθάδε. **67.** Ἐκ δὲ τῶν ὀνομάτων αὐτῶν εἴληφαν οἱ τόποι τὰς προσηγορίας. Ὁ δε Φιλόξενος ἔκτισεν κινστέρναν τὴν ἐπονομαζομένην Φιλοξένου. Ὁ Πρόβος ἀνήγειρεν ναὸν τοῦ Προδρόμου, ὅνπερ ὁ Καβαλλῖνος ἐποίησεν ἐργοστάσιον, τὰ λεγόμενα Πρόβου. Ὁ Δομνῖνος ἔκτισεν οἶκον εἰς τὰ Μαυριανοῦ, ὃν εἶχεν ὁ Ἀγρικόλαος. Ὁ Δαρεῖος ἔκτισεν οἶκον τῆς Ἰκανατίσσης τοῦ Σκληροῦ. Ὁ Μαῦρος ἔκτισεν οἶκον, ὅνπερ εἶχεν ὁ Βελονᾶς. Ὁ Ῥοδανὸς ἔκτισεν οἶκον, ὅσπερ καλεῖται τὰ Εὐουράνης· ἔστι δὲ τῆς Μαμαίνης. Ὁ Σαλλούστιος ἔκτισεν οἶκον, ὅστις καλεῖται τοῦ Κοντομύτου. Ὁ Μόδεστος ἔκτισεν οἶκον εἰς τοὺς ἁγίους Ἀποστόλους τοῦ Λαμπροῦ. Οἱ δὲ τρεῖς πυλῶνες ἐκτίσθησαν παρὰ τοῦ Εὐβούλου.

68. Ἔκτισε δὲ καὶ τέσσαρας ἐμβόλους ἀπὸ τοῦ Παλατίου μέχρι τῶν χερσαίων τειχῶν, ἐγχορήγους θόλους· ὁ εἷς ἤρχετο ἀπὸ τοῦ Τζυκανιστηρίου καὶ τῶν Μαγγάνων καὶ τῆς ἀκροπόλεως καὶ τῶν Εὐγενίου καὶ διήρχετο μέχρι τοῦ ἁγίου Ἀντωνίου· ὁ δε ἕτερος ἀπὸ τῆς Δάφνης καὶ τῶν Σοφιῶν μέχρι Ῥάβδου· οἱ δὲ ἕτεροι δύο ἔμβολοι ἀπὸ τῆς Χαλκῆς καὶ τοῦ Μιλίου καὶ τοῦ Φόρου μέχρι τοῦ Ταύρου καὶ τοῦ Βοὸς καὶ τοῦ Ἐξακιονίου. Ἐπάνω δὲ τῶν ἐμβόλων περίπατοι πλακωτοὶ λίθινοι καὶ στῆλαι χαλκαῖ ἄπειροι εἰς διακόσμησιν τῆς πόλεως ἵσταντο. **69.** Ἔκτισε δὲ καὶ τοὺς μʹ ὑδρῶνας καὶ τοὺς ἀγωγοὺς ἔφερεν ἀπὸ Βουλγαρίας· ἐποίησεν δὲ καὶ καράβους ἐγχορήγους ἐπὶ πᾶσαν τὴν πόλιν βαθεῖς, τῷ ὕψει ὅσον τῶν ἐμβόλων, διὰ τὸ μὴ εἶναι δυσωδία τις καὶ ἐνσκήπτουσιν νόσοι πολλαί, ἀλλ' εἰς τὸ βάθος διέρχεσθαι τὰς δυσώδεις ὕλας καὶ κατέρχεσθαι εἰς τὴν θάλασσαν.

70. Ταῦτα δὲ ἐκτίσθησαν ὡς εἴρηται παρὰ Οὐρβικίου πραιποσίτου καὶ Σαλλουστίου ἐπάρχου καὶ τῶν λοιπῶν, καταλιπὼν αὐτοῖς κεντηνάρια χρυσίου ἑξακόσια εἴς τε τοὺς ἐμβόλους καὶ τοὺς ἀγωγοὺς καὶ εἰς τὰ τείχη. Ἐκεῖνος δὲ ἦν κατὰ τῶν Σκυθῶν καὶ ὑποτάξας αὐτοὺς ἔκτισεν πόλιν τὴν Περσθλάβαν καὶ τὴν Δίστραν καὶ τὴν Πλίσκουβαν καὶ τὴν Κων-

griffen sie: «Kein Trugbild ist das, sondern Klugheit des Kaisers, hat er uns doch gegen unseren Willen und unsere Absicht hier angesiedelt.» **67.** Die Örtlichkeiten erhielten die Bezeichnung von ihren Namen. Philoxenos legte eine Zisterne an, die sogenannte Philoxenoszisterne. Probos errichtete eine Kirche für den Wegbereiter (Johannes den Täufer), welche (Konstantin V.) Kaballinos in eine Werkstätte umwandelte, die sogenannte Probosfabrik; Domninos baute auf dem Anwesen des Maurianos ein Haus, welches dem Agrikolaos gehörte. Dareios baute das Haus der Ikanatissa, Gattin des Skleros. Mauros baute ein Haus, welches Belonas gehörte. Rhodanos baute ein Haus, welches man jenes der Euourane nennt; es gehört der Mamaina. Sallustios baute ein Haus, welches nach Kontomytes benannt ist. Modestos baute bei der Apostelkirche ein Haus, welches Lampros besitzt. Die drei Eingangstore wurden von Eubulos errichtet.

68. Er errichtete auch vier Säulengänge vom Palast bis zu den Landmauern mit gemörtelter Wölbung. Der erste begann beim Tzykanisterion (Stadion), den Mangana, der Akropolis sowie dem Eugeniosviertel und führte bis zur Antonioskirche. Der zweite reichte von Daphne und dem Sophienquartier bis zur Rhabdos. Die zwei anderen Portiken von der Chalke, über Milion und Forum bis zum Tauros, Bus und Exakionion. Oben auf den Säulengängen befanden sich Gehwege aus Steinplatten; zudem gab es unzählige Bronzestandbilder zum Schmuck der Stadt. **69.** Auch liess er die vierzig Wasserspender bauen und führte aus Bulgarien deren Zuleitung heran. Zudem legte er über das gesamte Stadtgebiet Abwasserkanäle an, gemörtelt und so tief im Boden wie die Säulengänge hoch waren, damit kein Gestank herrsche und nicht allerlei Seuchen hereinbrächen, sondern die übelriechenden Abfälle unter Grund durchgingen und ins Meer abflössen.

70. All das wurde, wie gesagt, unter dem Praepositus Urbikios gebaut, dem Präfekten Sallustios und den anderen, hatte er ihnen doch sechshundert Zentner Gold hinterlassen zum Bau der Säulengänge, der Wasserleitungen und der Mauern. Er selbst zog nämlich gegen die Skythen zu Felde, unterwarf sie und gründete die Städte Persthlaba, Distra, Pliskuba und Kons-

σταντίαν. Ταῦτα δὲ ἐκτίσθησαν παρισταμένου τοῦ Οὐρβικίου εἰς χρόνους δύο ἥμισυ ἀπὸ φωνῆς Ἑρμείου. **71.** Ἔκτισε δὲ καὶ τὰ Ἀρματίου δι᾿ ὧν ἔπηξεν τὴν κόρτην αὐτοῦ καὶ τὰ ἅρματα αὐτοῦ ἐκεῖσε ἀπέθετο, ὅτε ὑπέταξεν τοὺς Βυζαντίους. Εἰς δὲ τὰ ὀνόματα τῶν τριῶν αὐτοῦ υἱῶν ἔκτισεν παλάτια τὰ καλούμενα Κωνσταντιανὰς καὶ τὰ καλούμενα Κώνσταντος· ἔστιν δὲ ὁ οἶκος τοῦ Τουβάκη καὶ τοῦ Ἰβερίτζη, ὅνπερ ἔχει ὁ Ἀκροπολίτης. Τοὺς δὲ ναοὺς καὶ τὰ λοιπά, ὅσα ἀνήγειρεν ὁ μέγας Κωνσταντῖνος, ὕστερον εἰς τὰ Περὶ κτισμάτων ἐροῦμεν.

72. Ὁ δὲ μικρὸς Θεοδόσιος εἰς τὸν πέμπτον χρόνον τῆς βασιλείας αὐτοῦ σεισμοῦ γεγονότος καὶ τῶν τειχῶν εἰς γῆν καταπιπτόντων διὰ τὸ τοὺς Ἀμαληκίτας τοὺς Χατζιτζαρίους οἰκῆσαι ἐν τῇ πόλει καὶ βλασφημεῖν σφοδρῶς εἰς τὸ Τρισάγιον – ποιήσας ὁ αὐτὸς βασιλεὺς ἱκεσίαν καὶ λιτὴν εἰς τὸν Κάμπον τοῦ Τριβουναλίου μετὰ τοῦ πατριάρχου Πρόκλου κραζόντων τὸ Κύριε ἐλέησον ἐπὶ πολλὰς ὥρας, πάντων ὁρώντων ἐπήρθη παιδίον εἰς τὸν ἀέρα καὶ ἤκουσεν ἀγγέλων μελῳδούντων καὶ ὑμνούντων· «ἅγιος ὁ Θεός, ἅγιος ἰσχυρός, ἅγιος ἀθάνατος, ἐλέησον ἡμᾶς». Κατελθόντος δὲ τοῦ παιδίου ὁ λαὸς ἐμελῴδει οὕτως καὶ ἔστη ὁ σεισμὸς ἔκτοτε. **73.** Καὶ ἐξέωσεν ὁ βασιλεὺς πάντας τοὺς αἱρετικοὺς ἐκ τῆς πόλεως καὶ παρεξέβαλεν τὰ τείχη ἀπὸ τοῦ Ἐξακιονίου μέχρι Χρυσείας· ἐξ οὗ καὶ στήλην ἔστησεν αὐτοῦ ὄπισθεν τῶν ἐλεφάντων. Καὶ ἀνεβίβασεν τὸ παράλιον τεῖχος ἀπὸ τῆς Ῥάβδου μέχρι Χρυσείας καὶ ἀπὸ τὸν ἅγιον Ἀντώνιον τὰ Ἀρματίου μέχρι τῶν Βλαχερνῶν καὶ τῆς Χρυσείας. Οἱ δὲ δύο δῆμοι ἔκτισαν τὰ τείχη παρ᾿ αὐτοῦ ὁρισθέντες, καθὼς εἰς τὰ Περὶ κτισμάτων ἐροῦμεν.

tantia. Erbaut wurden diese unter Mitwirkung des Urbikios innerhalb von zweieinhalb Jahren, wie Hermeias sagt. **71.** Auch das Armatiosviertel legte er an, wo er sein Feldlager aufgeschlagen und seine Waffen gelagert hatte, als er die Byzantier unter seine Herrschaft brachte. Im Namen seiner drei Söhne liess er Paläste erbauen, die sogenannten Konstantianai, und das Anwesen des Konstas. Es ist das Haus von Tubakes und Iberitzes, welches Akropolites besitzt. Über die Kirchen und was Konstantin der Grosse sonst noch erbaut hat, werden wir später im Buch *Über Bauten* berichten.

72. Im fünften Jahr der Herrschaft von Theodosios dem Jüngeren ereignete sich ein Erdbeben, und die Stadtmauern stürzten ein, weil die Amalekiter und die Chatzitzarier, die in der Stadt wohnten, das Trishagion heftig lästerten. Der Kaiser seinerseits veranstaltete zusammen mit dem Patriarchen Proklos eine Bittprozession mit Litanei zum Feld des Tribunals, und viele Stunden lang rief man laut «Kyrie eleison». Da wurde vor aller Augen ein kleines Kind in die Luft gehoben; es hörte, wie Engel sangen und priesen: «Heiliger Gott, heilig und stark, heilig und unsterblich, erbarme Dich unser». Als das Kind wieder auf den Boden kam, sang das Volk auf diese Weise, und von da an hörte das Erdbeben auf. **73.** Und der Kaiser vertrieb alle Häretiker aus der Stadt und erweiterte die Stadtmauer vom Exakionion bis zum Goldenen Tor und stellte demzufolge sein Standbild hinter den Elephanten auf. Zudem verlegte er die Seemauer von der Rhabdos bis zum Goldenen Tor und von Heilig Antonios im Armatiosviertel bis zu den Blachernen. Die beiden Zirkusfaktionen erbauten die Mauern auf seinen Befehl, wie wir im Buch *Über Bauten* berichten werden.

Kommentar

(1) Die 362 Jahre umfassen die Zeitspanne von 31 v. Chr. (Schlacht bei Actium) bis zur Gründung von Konstantinopel im Jahr 330 n. Chr.

– Flavius Valerius Constantius I. Chlorus, Caesar 293–305, Augustus 305–306; verheiratet mit Flavia Iulia Helena, Vater von Konstantin (geb. um 275), Caesar und Augustus 306–337.

– Die verschiedenen Regierungsformen, welche die wechselvolle Geschichte von Byzantion kennzeichnen, erwähnt Hesychios später (§ 33) nochmals.

(2) Auf welche Quellenautoren sich Hesychios stützt, sagt er bzw. dessen Epitomator nicht; dazu s. oben S. 10.

1 Dieser und der nächste Abschnitt zeigen textliche Nähe zum *Anaplus Bospori* des Dionysios von Byzanz (2. Jh. n. Chr.), der das Gründungsorakel – wenn auch auf die beiden letzten Verse beschränkt – nachweislich zum ersten Mal überliefert (§ 23). Ob Hesychios aus ihm schöpfte oder beide eine gemeinsame Vorlage benutzten, bleibt eine offene Frage. Entgegen Preger, der in V. 3 mit μάρπτουσι der Fassung bei Dionysios bzw. Ps.-Kodinos folgt, halten wir (inkl. πολιήν) an der Überlieferung λάπτουσι des Heidelberger Codex (P) fest; es ist das treffende Wort, welches der Lexikograph Hesychios von Alexandria erklärt: Es bedeutet ‹schlabbern›, wie es Hunde und ähnliche Tiere tun, wenn sie mit der Zunge geräuschvoll (Wasser) schlürfen (λ 324 λάπτοντες· πίνοντες τῇ γλώσσῃ· πεποίηνται δὲ ἀπὸ τῶν κυνῶν <ἢ> τῶν τοιούτων, οὕτω πινόντων μετὰ ψόφου).

– Die Flüsse Kydaros und Barbyses sowie der Altar der Semestre sind hier nur geraffte Auskunft, welche später (§ 6) wieder aufgenommen wird.

2 Mit dem Ort (τόπος), der kurz ‹Bosporos› heisst (ἔχει τὴν τοῦ Βοσπόρου προσηγορίαν), ist die Spitze der in den Bosporos ragenden Landzunge gemeint, auf welcher die Kolo-

nisten Byzantion gründeten; Dionysios (§ 24) spricht im *Anaplus* entsprechend von Βοσπόριος ἄκρα sowie vom Hügel Βουκόλος (§ 25), welcher hier Βουκόλια heisst.

3 Sowohl die Akkusativendung Μεγαρεῖς (att. Μεγαρέας) als auch die Konstruktion mit Dativ (ἐν τῷ τόπῳ) nach εἴσπλουν sind Kennzeichen der Koine; zu letzterem s. Blass/Debrunner/Rehkopf (1975) § 218.

– Dass Byzantion um 660 v. Chr. von Kolonisten aus Megara gegründet worden war, durchzieht den *Anaplus* des Dionysios wie ein roter Faden, auch wenn sich offenbar Argiver, Korinthier und Arkadier als Teilnehmer angeschlossen hatten; zur Frage einer gemischten Kolonisation s. RE III 1,1128–1129; Russell (2017) 210–212 und 221. Wenn Hesychios (§ 1) das Orakel zum Gründungsauftrag an die Argiver ergehen lässt, geschieht dies aus der Verbindung mit der Sage von Io, der Tochter des argivischen Königs Inachos. Zu diesem bildet der Hinweis auf Nisos, den mythischen König von Megara, das genealogische Pendant (§ 3).

4–7 Der Mythos von Io und ihrer Verführung durch Zeus lässt sich bis in die archaische Zeit zurückverfolgen; für einen Kurzüberblick s. DNP 5,1053–1054. Wenn Hesychios unter seinen angeblichen Quellen neben Historikern auch alte Dichter ([§ 2]) erwähnt, trifft dies vor allem auf Aischylos zu; im langen Dialog mit dem gefesselten Prometheus erzählt Io ihre Leidensgeschichte (*Prom.* 561–886). Auf welchen Autor Hesychios sich stützte, wissen wir allerdings nicht, denn die Gründungsgeschichte – im *Anaplus* des Dionysios (§ 24) verknappt erzählt – war zum allgemeinen Erinnerungsgut der Byzantier geworden; s. Dagron (1984) 25–26.

4 Das Beharren auf Glaubwürdigkeit (πιθανὴν τὴν ἱστορίαν […] παραστῆσαι) ist ein Exordialtopos und fehlt auch bei Dionysios nicht; von den beiden Versionen der Legende solle man jener Glauben schenken, welche mehr göttliche Einwirkung zeige (§ 7 πεπιστεύσθω δὲ τῶν λόγων ὁ θειότερος).

6 Namensetymologien von Örtlichkeiten sind Bestandteil der *Patria*; wie hier und im Folgenden sind sie eng mit dem Gründungsmythos verbunden. Wenn Dionysios im *Ana-*

plus Namenserklärungen und Eponyme besonders häufig anführt, spiegelt sich darin eine Tendenz zu Gelehrsamkeit; kulturelles Interesse dürfte auch hier massgeblich sein. So führt Hesychios die Anhöhe Βουκόλια auf den beobachtenden Rinderhirten (βουκόλος) zurück (§ 2); Io, in eine junge Kuh (βοῦς) verwandelt, durchquert die Furt (πόρος) und gibt so der Wasserstrasse den Namen Bosporos. Die Nymphe Keroëssa ist Eponyme des (Goldenen) Horns, auch wenn der Meerbusen Κέρας mit seinen Verzweigungen und Buchten an ein Hirschgeweih erinnert, wie Strabon (7,6,2) festhält. Der hiesige allgemeine Ausdruck τῇ θέσει τοῦ χωρίου hat sein Pendant im *Anaplus* (§ 6), κατὰ τὸ ἐμφερὲς τοῦ σχήματος (‹weil der Meerbusen in seiner Form einem Horn gleicht›). Und der Verweis auf das (Füll-)Horn der Amaltheia könnte ebenfalls von Strabon angeregt sein, dort allerdings auf den stiergestaltigen Acheloos und dessen gewundenes Horn gemünzt (10,2,19). Allerdings ist das Horn der Amaltheia (‹Füllhorn›) sprichwörtlich geworden und begegnet häufig in der älteren sowie der byzantinischen Literatur; s. RE I 2,1722. Freilich empfiehlt es sich, gegen Preger bei der Überlieferung εὐπορίᾳ (P) zu bleiben; denn nicht nur ist der Ausdruck τῶν καρπῶν εὐπορία z. B. bei Diod. Sic. 16,83,3 belegt, sondern er wird auch durch Polybios (4,38,13) gestützt, der die εὐπορία von Byzantion preist.

– Dass die beiden Flüsse Kydaros und Barbyses weissagen (προθεσπίζοντες), was Io zu erwarten hat, ist unwahrscheinlich. Vielmehr ist es, wie die humanistischen Herausgeber mit προθεσπίζουσα richtig korrigierten, die tragische Heldin selbst, die den Anwohnern berichtet, welches Schicksal Prometheus ihr vorausgesagt hat (Aesch. *Prom.* 700–741).

7 Hier verknüpfen sich zwei Namensetymologien: Gibt die thrakische Nymphe ihrem Ziehsohn Βύζας den Namen, erweist sich die Schreibung Βυζύης (Βιζύης Preger), wie sie P überliefert, als kohärent. Ins Spiel kommt die Nymphe aber auch, wie die Randglosse πόθεν τῇ πόλει βιζύῃ τὸ ὄνομα in P vermerkt und der Schlusssatz ἧς μέχρι καὶ νῦν οἱ πολῖται τῶν ὑδάτων ἀρύονται zeigen, als Eponyme der innerthrakischen

Stadt Βιζύη. Im Gegensatz zur anderweitig nicht belegten Quellnymphe, ist die alte Siedlung sehr bekannt. Die Entdeckung eines dortigen Wasserkanals mit dem zugehörigen Fernleitungssystem Richtung Konstantinopel wird hier literarisch untermauert; s. unten § 45, für die Wasserversorgung ferner TIB 12,288–294, hier 293.

8 Pregers Verbesserung zu φοβερῶς (φοβερὸς P) orientiert sich an den gängigen Wendungen φερόμενος καλῶς, κακῶς.

9 Die Namenserklärung von Chrysopolis stimmt fast wörtlich mit dem *Anaplus* (§ 109) überein und wird von Stephanos von Byzanz (χ 59) namentlich auf Dionysios zurückgeführt. Zu Chryses und der einschlägigen Gründungssage s. RE III 2,2498.

10 Der Mauerbau des Byzas mit Hilfe von Poseidon und Apollon gehört zum Gründungsmythos; er wetteifert mit der Sage von Troia, deren Befestigung die gleichen Götter im Dienst des Laomedon erbaut haben sollen, *Il.* 7,452–453. Dieser Tradition schliesst sich offensichtlich auch Zosimos an, wenn er die Sibylle in einem Orakel sprechen lässt, die Mauern von Byzantion seien gottgebaut (2,37,1 θεόκτιτα τείχεα).

11 Die Beschreibung der widerhallenden Türme liest sich wie eine thematische Variation der tönenden Bronzekessel von Dodona. Dieses Phänomen hatte Stephanos von Byzanz (δ 146) im Anschluss an den Periegeten Polemon ausführlich beschrieben und auf das Sprichwort vom ‹Dodoner Kessel› (Zenob. 6,5 Δωδωναῖον χαλκίον) hingewiesen. Die akustische Anlage der Türme erwähnt als erster Cassius Dio 75,14,5–6 und könnte Hesychios als Quelle gedient haben; zur Verbreitung in der späteren Literatur, inkl. *Suda* β 588, s. RE III 1,1120. Bemerkenswert für den Zusammenhang ist, dass vor dem Senatsgebäude in Byzantion eine Statue des Zeus Dodonaios gestanden habe; so (§ 41) und § 46, Zos. 5,7. Obwohl das Orakel von Dodona an Bedeutung eingebüsst hatte, soll es bis ins 4. Jh. fortbestanden haben, s. Carapanos (1878) 1,172–173.

12 Im Gegensatz zu den Echo-Türmen ist über den Turm des Herakles weiter nichts bekannt.

13 Dieser Abschnitt hat ein Gegenstück bei Zosimos (2,31,1–3):

Bei ihm bildet das Heiligtum der Dioskuren Bestandteil des Hippodroms, und auf der grossen Agora haben Rheia (Μήτηρ Θεῶν) und Tyche je ihren eigenen Tempel; s. Dagron (1974) 368. Im Gegensatz dazu erwähnt Dionysios mehrere Kultstätten der Göttermutter entlang dem Bosporos (§§ 52. 74. 75). Wie wichtig Tyche und deren Verehrung im Tychaion für das Wohl der Stadt waren, bezeugte gemäss dem Kirchenhistoriker Sokrates (3,11,4) auch Julian, der ihr in der Basilika öffentlich opferte. Zur christlichen Vereinnahmung der Schutzgöttin durch Konstantin s. ODB 3,2131.

- Dem alten Poseidontempel und seiner Lokalisierung am Meer widmet Dionysios einen eigenen Abschnitt (§ 9). Dass Standorte des alten Byzantion zu ihrer Funktion im zeitgenössischen Konstantinopel (ἔνθα νῦν) in Bezug gesetzt werden, begegnet bei Hesychios auch sonst, so gleich anschliessend im Fall des Hippodroms, so auch im Fall der Wasserleitung (oben § 7). Hingegen wird man dem Verfasser, der sich zum paganen Establishment zählte, schwerlich die Verbindung zu einer christlichen Kultstätte zuschreiben wollen. Es ist daher möglicherweise mit einer christianisierenden Interpolation zu rechnen; dazu s. Dagron (1974) 395. Mit Menas ist der Ägypter gemeint, der unter Diokletian das Martyrium erlitten hatte. Weit über sein Heimatland hinaus als Heiliger populär, wurde er als Patron der Pilger sowie der Kaufleute verehrt, s. ODB 2,1339.
- Wenn Hekate innerhalb der Mauern beim Hippodrom verehrt wurde, entspricht dies ihrer Wichtigkeit, hatte sie doch, wie Hesychios später erzählt (§ 25), die Byzantier aus der Belagerung durch Philipp von Makedonien befreit. Einen Tempel der Hekate verortet Dionysios (§ 62) jedoch am Bosporos weiter nördlich.
- Die Heilungen am Altar der Semestre dürften als *miracula* gewürdigt worden sein und verleihen dem Ort eine besondere Bedeutung; denn ebendort hatte Io den Bewohnern die künftigen Ereignisse geweissagt; so Dagron (1984) 69 Anm. 32.

14 Das Strategion erwähnt Hesychios später ([§ 39]) nochmals

und verzeichnet dort gleich auch das römische Äquivalent Forum. Ein Heiligtum des Aias erwähnt auch Dionysios (§ 39), lokalisiert es aber nicht im Zentrum der Stadt, sondern etwas nördlicher am Bosporos; die Byzantier verehrten ihn als megarischen Heros, wie sich aus Strabon (9,1,10) ergibt.

– Der Hinweis auf das Bad des Achilleus unterbricht nicht bloss die sprachliche Konstruktion, wie die Ellipse von βωμόν zum Genetiv Ἀμφιαρέω δὲ τοῦ ἥρωος ... ᾠκοδόμησεν erkennen lässt, sondern weckt durch den Einschub ἔνθα καὶ <νῦν> in der Fassung des Ps.-Kodinos den Verdacht auf Interpolation.

– Dionysios erwähnt (§ 34), die megarischen Kolonisten hätten für Schoiniklos, den Wagenlenker des Amphiaraos, in der Nähe von Sykai einen Kult eingerichtet. Dieser wird von Hesychios hier auf den Seher selbst übertragen, während dieser im *Anaplus* (§ 63) weiter nördlich beim Meerbusen Lasthenes verehrt wird.

– Sykai (heute Galata), ein Vorort von Konstantinopel; s. ODB 2,815–816, und TIB 12,664–665. Die Namensetymologie war wohl verbreitet und ist bei Dionysios (§ 33) und danach in ausführlicher Diskussion des Toponyms bei Stephanos von Byzanz (σ 311) vorgegeben.

– In der Lokalisierung des gemeinsamen Tempels von Aphrodite und Artemis in der Nähe von Sykai lehnt sich Hesychios offensichtlich an Dionysios (§ 36) an, bleibt aber eher vage; denn die Erwähnung des Poseidonheiligtums verweist auf Βοσπόριος ἄκρα, und dies stimmt mit Malalas (13,13) überein, der von Tempeln der beiden Gottheiten auf der Akropolis spricht. Aphrodite und Artemis wurden offenbar an verschiedenen Stellen entlang des Bosporos verehrt, vgl. *Anaplus* §§ 56. 78 (Artemis) und §§ 73. 80. 111 (Aphrodite).

15 Der Kampf mit dem Barbarenkönig Haimos dient nicht bloss als Aition für die Namensetymologie des thrakischen Gebirgszugs, sondern unterstreicht auch dessen Wichtigkeit als Wasser- und Länderscheide zwischen dem byzantinischen Herrschaftsbereich und dem Balkan, woher stets feindliche Einfälle drohten; ausführlich darüber RE VII 2,2221–2226.

16–17 Als Personenname ist Odryses anderweitig nicht belegt,

hier jedoch als Eponym des thrakischen Stammes angeführt, der in der späteren Überlieferung unter die Skythen subsumiert wurde.

- Die Szene der heldenhaften Phidaleia, die durch List die Feinde abwehrt, hat Johannes Tzetzes ausgemalt und in sein historisches Werk eingefügt (*Chil.* 2,932–952). Zur rekonstruierten Historizität von Phidaleia als Stadtgründerin bzw. Gattin des Byzas (so nochmals unten § 32) bekennen sich auch Johannes Malalas (13,7) und seiner Fassung folgend das *Chronicon Paschale* (S. 493–494 Dindorf). In scharfem Kontrast dazu zeichnet Dionysios (§ 59) Phidaleia, Tochter des Barbyses, als tragische Heroine. In eine Liebesaffäre mit Byzas verstrickt, habe sie sich aus Scham und aus Furcht vor ihrem Vater ins Meer gestürzt. Von Mitleid bewegt und aus familiärem Wohlwollen soll Poseidon aus dem Festland einen Felsbrocken gebrochen und diesen als Grabstätte der jungen Frau im Bosporos versenkt haben. Im *Anaplus* dient diese rührselige Geschichte nicht bloss zur Unterhaltung, sondern auch als Aition bzw. zur Namenserklärung des Felsenriffs Φαιδαλία.
- Mit dem alten Geheiss zugunsten der Schlangen verknüpft Hesychios später (§§ 21–22) eine weitere wunderliche Episode.

18 Der Angriff auf Byzantion durch Strombos, auch er wie Byzas ein Sohn der Keroëssa, ist dem Bruderzwist zwischen Romulus und Remus nachgebildet. Ein Echo dieser Episode findet sich bei Stephanos von Byzanz im Artikel Γυναικόσπολις (γ 119), verbunden mit der Namensetymologie. Heldenhaft wehrt Phidaleia den Angriff von Stroibos (so die Hss.) ab und verfolgt mit Unterstützung der Frauen die Feinde bis zum Hafen, der fortan ‹Frauenhafen› heisst.

- Im Kommentar zum hiesigen Abschnitt vermutet Kaldellis (2007), es handle sich um eine thematische Parallele zum Angriffskrieg Philipps II, wie ihn Hesychios (§§ 24–25) erzählen wird. Chalkedon wurde um 685 v. Chr. wie Byzantion von Kolonisten aus Megara gegründet, vgl. Thuc. 4,75,2 Καλχηδόνα … Μεγαρέων ἀποικίαν. Doch sie galt als Rivalin der gegenüber liegenden Schwesterstadt. Auch die Rhodier,

die als Gegner der Byzantier im sog. Zollkrieg in den *Anaplus* (§ 47) eingegangen sind, erscheinen hier als Alliierte im Kampf gegen die Barbaren (ἅπαντα τὰ Σκυθικὰ γένη) und gegen ungerechtfertigte Herrschaftsansprüche.

19 Die Namenserklärung der Stadt Chalkedon ist vielfältig, wovon Hesychios drei Varianten aufzählt. Die Ableitung vom gleichnamigen Fluss verzeichnet Dionysios (§ 111); in den *Ethnika* des Stephanos (χ 15) heisst er Χάλκις. Dass der Sohn des troischen Sehers Kalchas Eponym (von Καλχηδών) war, ist sonst nicht belegt. Dasselbe gilt für Chalkis auf Euboia als Mutterstadt, wobei das Wort χαλκός (‹Eisen›) ausschlaggebend war; s. RE X 2,1555, und ausführlich über die Stadt TIB 13,484–496.

– Die Bezeichnung der Chalkedonier als ‹blind› (τυφλοί) geht auf die Ausdeutung eines Gründungsorakels (594 Parke-Wormell) zurück, wie es zuerst bei Herodot (4,144,2) referiert, dann von Strabon (7,6,2) aufgenommen wird und auch in die *Annalen* (12,63) des Tacitus eingegangen sind. Anstatt sich an der (thrakischen) Seite des Bosporos niederzulassen, welche fischreich und fruchtbar war, wählten sie das karge gegenüberliegende Ufer und handelten sich somit den Ruf von Blindheit ein. Im *Anaplus* (§ 102) bezieht der Verfasser dies auf den dort ausbleibenden Fang von Thunfischen.

20 Wie bei Dionysios (§ 53) ist auch bei Hesychios die erzählte Episode an die Namensetymologie von Ἑστίαι gebunden, abgeleitet von ἑστία (‹Hausaltar› und daher ‹Zufluchtsort›). Während beim ersteren die Kolonisten wegen der belagernden Barbaren nicht bei Βοσπόριος ἄκρα an Land gehen konnten und deswegen auszuweichen gezwungen waren, wird hier die Besiedlung von Byzantion vorausgesetzt, mit dem Tod des Byzas eine erste Phase der Schwesterstadt beendet und damit die Übernahme der Herrschaft durch Dineos (§ 21) vorbereitet. Wiederkehrende Motive aus § 18 sind die stete Bedrohung der Stadt durch Barbarenstämme und der Sukkurs der Chalkedonier. Die Gleichsetzung von Hestiai (TIB 12,408–409) mit Anaplus (TIB 12,248–249) ist wohl dem Umstand geschuldet, dass Konstantin dort offenbar

eine Michaelskirche hatte erbauen lassen (vgl. *Patria* III 158 τὸν δὲ Ἀνάπλουν ὁ μέγας Κωνσταντῖνος ἀνήγειρεν) und die Örtlichkeit unter Justinian Bekanntheit genoss, vgl. Procop. *Aed.* 1,5,1 und 8,2.

21 Man wird hier besser bei der Überlieferung von P bleiben (so auch Müller, Jacoby) und nicht mit Preger ‹δεύτερος› αὐτὸς ἐστρατήγησε einfügen, dies wohl gestützt auf die Erklärung in der Hs. G δεύτερος οὗτος βασιλεὺς τῶν βυζαντίων ὑπῆρξε. Als Nachfolger von Byzas wechselte der weiter nicht bekannte chalkedonische General Dineos vom militärischen Kommando zur zivilen Machtfülle in Byzanz. Hesychios erwähnt – Byzas inbegriffen – insgesamt sieben Strategen namentlich (§§ 24. 26. 29. 30. 32.), die ohne Rücksicht auf die historische Chronologie aufeinander folgen. Vorbild dafür sind, analog zum Bruderzwist (s. oben § 18), die sieben mythischen Könige Roms. Zu Dineos und den exekutiven Funktionen der στρατηγοί s. Russell (2017) 213. 222–223 und 227.

22–23 In der Rettung von Byzantion durch die Heldentat der Phidaleia (oben §§ 16–17) spielen die Schlangen eine positive Rolle, hier sind sie zu Feinden der Stadt geworden; beide Episoden erzählt Johannes Tzetzes zusammenhängend innerhalb des Kapitels, welches er Apollonios gewidmet hat (*Chil.* II 60,928–981, hier 932–935 und 945–952). Der Wundertäter aus dem kappadokischen Tyana (1./2. Jh.) war ein neupythagoreischer Wanderprediger mit Kräften eines Heilers. Wie hier im Fall der drei zauberkräftigen steinernen Störche, wurde er im Reich, besonders in Antiocheia, als Bringer von Talismanen verehrt; vgl. Malalas, 10,51, und s. Dagron (1984) 108–109. Verehrung brachten ihm vor allem die Severer entgegen, regte doch Iulia Domna, die hoch gebildete Gattin des Septimius Severus, den Sophisten Philostratos an, eine Vita des Wundermannes zu verfassen;

– Den Anachronismus, welcher sich in den Schlangenepisoden zwischen der mythischen Frühzeit von Byzantion und der tatsächlichen Lebenszeit des Apollonios auftut, überbrückt Hesychios mit dem Hinweis, dass der Talisman gegen die Invasion der Störche bis in seine eigene Zeit wirksam geblie-

ben sei (§ 23 μέχρι τῶνδε διαμένουσι τῶν χρόνων). Wie Dagron (1984) 101–115 aufzeigt, unterstreicht der Verfasser damit Konstantinopels Kontinuität aus Mythos und ferner Vergangenheit bis in die historische Realität des 6. Jhs. Der Wundermann Apollonios fand nicht bloss Eingang in die Historiographie und die *Patria*-Literatur (s. Preger [1901] 191,16; 206,18), sondern konnte auch als paganer Vorgänger des christlichen Wundertäters (Jesus) betrachtet werden.

24 Es handelt sich offensichtlich um Leon von Byzanz, den Zeitgenossen und Gegner Philipps II. von Makedonien. Plutarch (*Phoc.* 14) erwähnt ihn lobend, denn unter den Leuten von Byzantion habe er sich durch Trefflichkeit ausgezeichnet (ἀνὴρ Βυζαντίων πρῶτος ἀρετῇ), zudem sei er Phokions Kommilitone in der Akademie gewesen. Man wird also ἀριστοκρατία hier eher im moralischen Sinn verstehen als das Amt, welches ihm kraft seiner Integrität zufällt; dies deckt sich mit Platons Definition, *Rep.* 8,2 (544 E) τὸν ... τῇ ἀριστοκρατίᾳ ὅμοιον, ... ὃν ἀγαθόν τε καὶ δίκαιον ὀρθῶς φαμὲν εἶναι. Anekdotenhaftes über Leon im Umgang mit Philipp berichtet Philostratos (*Vit. soph.* 1,2); ausführlich über ihn RE XII 2,2008–2012, und Dictionnaire des philosophes antiques IV 86–87 (knapp).

25 Die trotz ihrer Länge und den grossen Zerstörungen erfolglos gebliebene Belagerung von Byzantion durch Philipp II. von Makedonien (340/39) ging in das kollektive Bewusstsein der Bürger ein und wird auch von Dionysios im *Anaplus* (§§ 14 und 27) erwähnt. Mit dem Bericht über die Kriegslisten des Angreifers und den Beistand, welche Hekate den Verteidigern zukommen liess, trugen sowohl Hesychios als auch Stephanos von Byzanz (β 130) zur Legendenbildung bei. Entsprechend der Namensetymologie (Βοσπόριον/Φωσφόριον) betont der Lexikograph das Lichtwunder der Ἑκάτη φωσφόρος, während hier das Gebell daran erinnert, dass sich die Göttin bekanntlich mit Hunden umgibt. Wie Kaldellis (2007) zur Stelle vermerkt, dürfte wiederum Anschluss an das alte Rom gesucht worden sein, hatten doch beim Galliersturm (387 v. Chr.) die Gänse auf dem Kapitol durch ihr

Geschnatter vor den Feinden gewarnt.

– Den Seesieg der Byzantier über Philipps Flottengeneral lokalisiert Dionysios (*Anaplus* § 65) bei Θερμημερία, einem weiter nicht belegten Ort; den Namen soll dieser von der sengenden Hitze (<θέρμη) erhalten haben, welche am Tag (<ἡμέρα) der Schlacht herrschte. Zudem vergisst der Verfasser nicht festzuhalten, dass die Byzantier als Seemacht den Makedonen weit überlegen waren (§ 27).

26 Im Gegensatz zum Strategen Phokion zeichnet Plutarch (*Phoc.* 14) von Chares – offenbar dessen innerem Rivalen – ein negatives Bild. Nur auf Empfehlung der Redner sei er als General gegen Philipp nach Byzantion beordert worden. Ausgerichtet habe er dort nichts, sondern sich lediglich durch Erpressungsgelder bereichert. Davon fehlt hier jede Spur, denn der Fokus liegt auf seiner Geliebten und deren Grabepigramm; zu Chares s. RE III 2,2125–2128.

27–28 Die Bildsäule auf Kap Βοῦς bei Chrysopolis muss berühmt gewesen sein und hatte wegen der Skulptur, der Darstellung einer Färse (δάμαλις), Anlass zu Spekulation über die Namensetymologie gegeben: Handelt es sich um ein Denkmal der Io, die von Hera in eine junge Kuh verwandelt über den Bosporos geflohen war (§§ 5–6), oder weist in der Inschrift der Name Βοΐδιον (‹Kühlein›) auf die Begleiterin des Chares? Hesychios bezeichnet sie als γυνή, was in der Regel als Ehefrau verstanden wird, Dionysios (*Anaplus* § 110) hingegen spricht von ‹Konkubine› (παλλακή), was eher zutrifft; denn sowohl Damalis (vgl. Hor. *Carm.* 1,36,13) als auch Boïdion (vgl. *Anth. Pal.* 5,161) sind Hetärennamen. Jedenfalls war das Denkmal mit seiner Inschrift zu einem festen Bestandteil der Lokalgeschichte geworden, wie der Eingang in die *Anthologia Palatina* (7,169) und bei Konstantinos VII. Porphyrogennetos (*De Thematibus* 12) zeigt.

29 Wie Plutarch in der Biographie des Phokion (14) suggeriert, wurde Chares wegen seiner angeblichen militärischen Unfähigkeit aus Byzantion abberufen. Über Protomachos, seinen Nachfolger im Amt des Strategen, ist sonst nichts bekannt.

– Das Milion ist ein weiterer Anachronismus, handelt es sich

doch um den Meilenstein (< *mille* sc. *passus*), welcher erst nach der Gründung von Konstantinopel errichtet worden war; von ihm aus wurden alle Distanzen im Reich gemessen. Zu seiner Lokalisierung im Zentrum der Stadt und der pompösen Ausschmückung als Monument (vgl. *Parastaseis* §§ 34–35) s. ODB 2,1346–1347; Janin (1964) 103–104.

30 Der Personenname Τιμήσιος ist zwar für Makedonien und für Thrakien bezeugt, s. Fraser/Matthews (2005) 331; doch über den genannten Strategos wissen wir nichts. Wenn er hier als Argiver und Oikist bezeichnet wird, ist dies ein Fingerzeig auf die ‹gemischte› Kolonisation am Bosporos, vgl. oben zu § 3. Ἐφεσιάτης ist wohl identisch mit dem Hafen der Ephesier (Ἐφεσίων Λιμήν), welchen Dionysios (*Anaplus* § 79) erwähnt; dazu s. TIB 12,350.

– Im Gesetzgeber, Stifter von Staatskulten und Reformer Timesios – auch er weiter nicht bekannt – sieht Kaldellis (2007) eine Parallele zu Numa, dem Nachfolger des Romulus, wie ihn Plutarch in der einschlägigen Biographie (7–20) porträtiert.

– Die Verse (3–4) des Gründungsorakels wurden bereits zu Beginn der *Patria* zitiert (§ 1) und zwar in der besseren Überlieferung πολιὴν λάπτουσι (‹sie schlabbern weissgraues Meerwasser›), wie sie die Hs. P bietet. Hier hingegen, wo die Verse in einem vermutlich interpolierten Erklärungssatz wiederholt sind, bietet auch P die Variante μάρπτουσι (‹sie schnappen›).

31 Die Örtlichkeiten und die Heiligtümer, welche Timesios restaurieren liess, sind bereits im *Anaplus Bospori* des Dionysios vorgegeben, auch wenn die hiesige Fassung deutlich knapper ausfällt. Beim erwähnten Heiligtum auf der Landspitze am Pontos handelt es sich um das Ἱερόν des Ζεὺς Οὔριος, welches sich auf der asiatischen Seite bei der Mündung in den Bosporos befand. Als strategisch wichtiger Ort war es oft Gegenstand feindlicher Auseinandersetzungen und dementsprechend auch wechselnder Besitzeransprüche. Dionysios (§ 92) erwähnt, es sei bei der Invasion der Galater (278/77 v. Chr.) verwüstet worden. Was das Opfer der Argonauten an die zwölf Götter betrifft, folgt Hesychios der ‹asiatischen› Version, wie sie Polybios (4,39,6) im Anschluss an Apolloni-

os Rhodios (2,531–532) vorgibt. Im *Anaplus* (§ 75) hingegen opfert Iason im Hieron auf der gegenüberliegenden Seite des Bosporos, also im Herrschaftsbereich der Byzantier. Dass es zwei einschlägige Heiligtümer gab, bezeugt z. B. Strabon (7,6,1); doch mit dem Transfer des Opfers ans thrakische Ufer der Wasserstrasse dürfte Dionysios vor allem lokalpatriotische Absichten verfolgt haben; zu Einzelheiten der bereits antiken Debatte über die Lokalisierung s. Billerbeck (2023) im Kommentar zu §§ 75 und 92.

– Während über die Lage des Phrixos-Hafens Einigkeit herrscht, fehlt der Anhaltspunkt für einen Artemistempel in dessen Nähe. Mag sein, dass die arge Verkürzung des Textes Unklarheit verursacht hat, denn ein entsprechendes Heiligtum erwähnt Dionysios beim Hafen der Ephesier (§ 78) auf der thrakischen Seite des Bosporos.

32 Wie im Fall der zuvor genannten Strategen ist auch über Kalliades weiter nichts bekannt. Eingang fand das Weihepigramm in die *Anthologia Planudea* (16,66).

33 Hier werden die verschiedenen Verfassungsformen (Aristokratie, Demokratie und Tyrannis), welche Byzantion im Lauf seiner Geschichte erfahren hatte, aus dem Eingangsabschnitt [§ 1] wiederholt. Diese Wiederholung ist ringkompositorisch zu verstehen; sie dient dazu, die Ur- und Frühgeschichte der Stadt abzuschliessen und den Bogen zur historisch fassbaren Zeit unter Septimius Severus zu schlagen. Dieser kann, wie im Folgenden seine Wohltaten für die Stadt belegen, als Wegbereiter Konstantins und damit der Νέα Ῥώμη gesehen werden; darüber Dagron (1984) 62–78.

34 Zu Pescennius Niger, seine militärischen Erfolge im Osten sowie die Anerkennung als Kaiser durch Byzantion und den Kampf mit Septimius Severus s. Birley (1999) 108–120.

– Die Belagerung von Byzantion (193–196) durch die Truppen des Severus, die Eroberung und grossen Zerstörungen sowie die Entrechtung der Stadt konnte Hesychios nicht übergehen; ausführlich beschrieben sind sie bei Cassius Dio (75,10–14), ferner Herodian (3,1,5. 6,9). Aber die Zusammenfassung der Ereignisse, so knapp sie auch ist, dient als Folie für die

Wandlung des Herrschers zur Milde gegenüber seinem Rivalen, für seine grosszügige Förderung des Wiederaufbaus der Stadt und damit für die Vorstellung von Severus als einem Neubegründer von Byzantion – gleichsam ein ‹zweiter Byzas›.

– Zu Perinthos/Herakleia s. *Inventory* (2004) 919–921; speziell zur Umbenennung s. RE XIX 1,810.

35 Der Gesinnungswandel des Kaisers, die Versöhnung mit den Byzantiern und die anschliessende Bautätigkeit ist in der literarischen Tradition von Byzanz seit dem späten 5. Jh. fassbar, so zuerst bei Zosimos 2,30,2 Σεβῆρος ὁ βασιλεὺς ᾠκοδομήσατο (sc. τὰς στοάς) παυσάμενος τῆς κατὰ Βυζαντίων ὀργῆς, ὅτι Νίγρον ὑπεδέξαντο πολέμιον ὄντα. Für eine kritische Sicht auf die Historizität dieser Nachricht und ihrer Verbreitung bei Hesychios, Johannes Lydos und Malalas s. Mango (2003).

– Während ‹Zeus der Pferde›, dem hier ein Altar geweiht ist, die Epiklese Ἵππιος mit anderen Gottheiten teilt, – so z. B. mit Athena (Soph. *Oed. Col.* 1070), mit Poseidon sowie Hera (Paus. 5,15,5) – wusste man über den Namensgeber der Therme Ζεύξιππος wohl nichts mehr. Als Name des Helios, wie Malalas (12,20) das vermerkt, ist weiter nichts bekannt; das trifft auch auf König Zeuxippos zu, dem zu Ehren die Megarer die Örtlichkeit so benannt haben sollen (Joh. Lydos, *Mag.* 3,70,4). Hingegen rief die Namensetymologie (ζεῦξις < ζεύγνυμι + ἵππος) nach einem Aition. Dass Hesychios Herakles die menschenfressenden Stuten des Diomedes auf dem Gelände des urzeitlichen Byzantion anspannen lässt bzw. zähmt, dürfte als lokalpatriotischer Mythentransfer zu werten sein, führt doch der Rückweg des Helden von den thrakischen Bistonen nach Argos zu Eurystheus keineswegs zwingend über Bosporios Akra.

– Auf die Erbauung des Zeuxippos-Bades durch Severus kommen die *Patria* (§ 39) zurück; zeitgenössisch zu Hesychios lässt sich auch Malalas (12,20) einen Hinweis darauf nicht entgehen. Dasselbe gilt für das Hippodrom (§ 40), in dessen Beschreibung eine wörtliche Übereinstimmung des hiesigen Textes

mit Johannes Lydos auffällt, Mens. 1,12 (S. 7 Wünsch) εὑρὼν (sc. Σεβῆρος) δὲ καὶ τὸν παρακείμενον τόπον τοῖς Διοσκόροις ἀνακείμενον ἐποίησε τοῦτον ἱπποδρόμιον, ἰκρίοις καὶ στοαῖς διακοσμήσας αὐτόν. Während Preger (1901) S. VIII mit einer Entlehnung aus Johannes Lydos rechnet, datiert Kaldellis (2007) umgekehrt Hesychs Notiz als dessen Vorlage. Zur sportlichen Einrichtung und der erwähnten Zählweise der absolvierten Runden im Wagenrennen mittels sog. *ovaria* s. Dagron (1974) 339 Anm. 6, ferner (1984) 168–170 mit Anm. 49, bes. für die textliche Verbesserung ἐφόδων (A, ἐφόρων P, Preger) sowie den Hinweis, dass die Eier Symbol der Dioskuren waren.

– Worum es sich bei den στρατιωτικὰ τέλη handelt, ist nicht ganz klar. Für Dagron (1984) 71 ist der Ausdruck vor allem römisch konnotiert und bildet das Gegenstück zu Konstantins Einrichtung der zivilen *annona* (§ 47).

36 Zur Umbenennung von Byzantion in Antonia (Ἀντωνία Hs. P) passt die Notiz, welche die *Historia Augusta* in der Biographie des Caracalla (1,7) überliefert, *Byzantiis interventu suo iura vetusta restituit*, und wird auch durch die Münzprägung bestätigt, so *colonia Antoniniana* und *Antoninia Sebasta* (Spiele zu Ehren von Kaiser Antoninus). Aus den *Patria* geschöpft hat offenbar Eustathios in seinem Kommentar zu Dion. Perieg. 803 ὀνομασθῆναι δέ ποτε αὐτὸ καὶ Ἀντωνίαν [sic] ἕως περιῆν Σεβῆρος καὶ ὁ ἐκείνου παῖς Ἀντωνῖνος. Zur Umbenennung s. Dagron (1974) 17 Anm. 6.

– Mit diesem Abschnitt endet das Referat, welches Ps.-Kodinos wörtlich aus Hesychios übernommen hatte. Die folgende knappe Zusammenfassung (§§ 39–41) über die Gründung der Stadt und Konstantins Bautätigkeit fand Eingang in die Fassung des Ps.-Kodinos (§§ 43–46); sie bildet zudem die Vorlage für seine abschliessende, mit zahlreichen Details angereicherte Beschreibung der Stadt (§§ 61–71). Für den entsprechenden Kommentar s. jeweils dortselbst.

(39) Die Bemerkung über den willig (προθύμως) angenommenen Namenswechsel von Byzantion zu Κωνσταντινούπολις ist Propaganda und wird von Julian im Panegyrikos auf sei-

nen Vorgänger Constantius (II.) genüsslich zerpflückt (5 D). Knapp drückt sich Eusebios aus und fokussiert auf den Ehrgeiz des Kaisers, *Vita Const.* 3,48 τῆς ἐπηγορίας τῆς ἑαυτοῦ πόλιν ἐπώνυμον ἀποφῆναι ἔκρινε. Und der Kirchenhistoriker Sozomenos (2,3,3) seinerseits, führt die Namensgebung auf göttlichen Auftrag zurück; s. Dagron (1974) 26–27.

(42) Hesychios beschliesst die Patria mit einer machtpolitisch/ideologisch konnotierten Ringkomposition [§ 1]. Auf den Niedergang des alten Rom antwortet der Aufstieg Konstantinopels, das Neue Rom; dazu s. Dagron (1974) 21–22.

37 Während über die Regierungszeit des Septimius Severus (193–211) Konsens herrscht, bleibt hier unklar, auf welches Gründungsdatum von Byzantion sich der Patriograph stützt, denn in den byzantinischen Quellen gehen die Ansätze auseinander; s. RE III 1,1127.

– Gemäss der *Historia Augusta, Pesc. Nig.* 1,3 stammte Niger aus Aquinum (Latium), und sein Vater soll Annius Fuscus geheissen haben. Jedenfalls wird man Τιμήσιος (der nicht identisch ist mit dem gleichnamigen argivischen Kolonisten in § 30) besser mit latinisierter Namensform Timasius bezeichnen.

– ἀπὸ τῶν Μακεδόνων †διείποντο: so der Text bei Preger. Während ἀπό für ὑπό seit der Koine und besonders im späteren Griechisch gewöhnlich ist, verursacht das Verb grössere Schwierigkeiten, weshalb Preger die Überlieferung für verderbt hielt und im Apparat mit <κακῶς> διέκειντο Abhilfe suchte. Dabei stützt er sich auf die Hss. G und B, welche die Stelle ausdeuten (sofern auch in ihrer jeweiligen Vorlage der Text unverständlich war): ἐπεὶ δὲ οἱ Βυζάντιοι ὑπὸ Μακεδόνων κακῶς ἐπολιορκοῦντο καὶ ἐλυμαίνοντο. Belagerung und Leid der Belagerten, welche die Byzantier von den Makedonen erfahren haben, evozieren in erster Linie den Sturm auf die Stadt unter Philipp II. (340/339), Ereignisse, welche sich tief in das kollektive Gedächtnis eingegraben hatten. An der hiesigen Stelle hingegen deutet der Kontext eher auf eine neue Gefahr von Seiten der Makedonen hin, welche Niger und Severus gemeinsam bannen wollen. Wenn

auch direkte Parallelen zu diesem Gebrauch von διέπω fehlen, könnte *Il.* 24,247 σκηπανίῳ δίεπ' ἀνέρας (‹er scheuchte die Mannen weg›) ein Hinweis sein.

– Über eine Versöhnung, ja gar Verschwägerung des Severus mit seinem Erzfeind Pescennius Niger schweigen sich die bekannten historischen Quellen aus und, was die Kinder betrifft, sind die einschlägigen Viten in der *Historia Augusta* widersprüchlich: Einerseits soll Severus Nigers Kinder wie die eigenen behandelt haben (*Sev.* 8,10), andererseits nahm er sie als Geisel oder schickte sie ins Exil (*Sev.* 6,10; 9,2; *Pesc. Nig.* 5,2) und liess sie später hinrichten (*Sev.* 10,1; *Pesc. Nig.* 6,1). Wenn hier der Patriograph eine Hochzeit von Nigers Sohn mit einer Tochter des Severus konstruiert, handelt es sich um Panegyrik und soll die Grossmut des ‹Neugründers› von Byzantion herausstreichen. Zur ‹Heroisierung› des Herrschers im Umgang mit Niger (§§ 37–39) s. Dagron (1984) 72–74.

38 ἠρώτων: ἐρωτάω ist im Kontext eines Philosophendiskurses ein Begriff aus der Dialektik und bedeutet: einen Satz, eine These aufstellen, hier als Rätselspruch (πρόβλημα) zu verstehen; zu dieser Bedeutung s. Dagron (1984) 121–122.

39 Die Erwähnung des Zeuxippos-Bades ist eine Reprise aus Hesychios (§ 35); Janin (1964) 222–224 bezeichnet es als das wichtigste Bad der Stadt und gibt einen Abriss seiner Geschichte. Hingegen kann das grosse Bade Kaminia ausserhalb der Stadt nicht identifiziert werden. Was wir unter der Beschreibung ἧπτε δὲ μετὰ τοῦ Μηδικοῦ πυρός zu verstehen haben, ist nicht restlich geklärt; Janin (1964) 218 erklärt «il était chauffé au mazout». Ohne Zweifel handelt es sich um ein Schwitzbad (πυριατήριον), wie man es in Griechenland neben einem Gymnasium einrichtete; s. Nielsen (1990) 160. Dazu würde hier die grosse Dimension der Anlage passen sowie die Lage an der Stadtperipherie.

40 Das Hippodrom durfte auch bei Hesychios nicht fehlen (oben § 35); da Severus es unvollendet liess (§ 41), baute es Konstantin vollständig aus (§ 61). Der öffentlichen Anlage kam in Byzanz grosse Bedeutung zu. Einerseits fanden dort die populären Sportsanlässe statt, andererseits ist der Ort

auch politisch konnotiert. Im Hippodrom zeigt sich der Kaiser seinen Untertanen, wird akklamiert oder ‹gebuht›. Hier manifestieren die Zirkusfaktionen als ‹Fangemeinden› nicht bloss ihre sportliche Parteinahme, sondern betätigen sich darüber hinaus auch als politische Agitatoren; eine ausführliche Diskussion über die Funktionen des Hippodroms im Spiegel der *Patria* bei Dagron (1984) 161–190 (169f. über das symbolträchtige Motiv der verwaisten Brüder).

– Zum Obelisken mit bronzenem Helm, wie er zu einem Merkmal der Zirkusarchitektur geworden war, s. Bassett (2006) 85–87. Die Sphendone (σφενδονή ‹Schleuder›) bezeichnet in Anlehnung an die Form des Wurfgeräts die grosse Kurve im Hippodrom. Richtung Meer platziert, stützte Konstantin das abschüssige Gelände (κρημνώδης ἦν ὁ τόπος) mit Substrukturen und legte dort die Kalte Zisterne an; s. Janin (1964) 211–212.

41 Wenn hier von der Bedrohung Roms durch die Gallier die Rede ist, dürfte dies auf die kriegerische Auseinandersetzung des Severus mit Clodius Albinus gehen. Statthalter in Britannien, war er zum Widersacher um die kaiserliche Macht geworden und hatte mit Kriegsmacht nach Gallien übergesetzt.

– Dass Severus an einer schweren Krankheit litt und geschwächt war, ist mehrfach überliefert, so bei Herodian 3,15,1; *Historia Augusta, Sev.* 18,9. Ob es Gicht war oder Epilepsie (wie hier berichtet), lässt sich nicht ermitteln. Sein Tod ist auf den 4. Februar 211 datiert, nach unserer Berechnung knapp neunzehn Jahre seit er am 9. April 193 zum Kaiser ausgerufen worden war.

– Bei der approximativen Zeitangabe kommt man auf das Geburtsjahr von Konstantin, welches um 275 datiert wird.

42 Der Abschnitt ist ein Konglomerat aus Hesychios §§ (1) und (39); s. dort den Komm.

43 Ein Hauptteil der Patria ist Konstantins Bautätigkeit gewidmet, der Erweiterung des alten Stadtgebiets, der neuen Mauer, der Fertigstellung von Bauten, welche Septimius Severus unvollendet gelassen hatte, dem Bau von Kirchen und Kultstät-

ten, den zivilen, wirtschaftlichen und sanitären Einrichtungen der Stadt sowie deren Verschönerung; für einen gerafften Orientierungsgang s. Piepenbrink (2011).

– Die Troadesischen Säulenhallen verdanken ihren Namen offenbar dem Baumaterial, dem in der Troas gebrochenen Marmor; s. Janin (1964) 93 und 437. Über die Stadtmauern berichtet der Patriograph ausführlich etwas später (§§ 52–53).

– Schon der Kirchenhistoriker Sokrates hielt fest, dass Konstantin das Gesetz über die Gleichberechtigung von Neu-Rom mit dem alten Rom auf dem Strategion publikumswirksam in Stein verewigen liess, 1,16 ὃς νόμος ἐν λιθίνῃ καταγέγραπται στήλῃ καὶ δημοσίᾳ ἐν τῷ καλουμένῳ Στρατηγίῳ προτέθειται.

44 Der Name des grossen öffentlichen Platzes schwankt in den *Patria* in seiner Schreibung zwischen Αὐγουσταῖον (so P in Hesych. § 39) und Αὐγουστίων (so mehrfach in den *Patria*, ferner auch bei Malalas 13,8); für weitere Varianten s. Preger (1901) 360, zur Örtlichkeit Janin (1964) 59–61 (mit Plan); Bassett (2006) 89–92. Dass Konstantin dort auf einer kleinen Porphyrsäule eine Statue seiner Mutter Helena aufstellen liess, berichtet auch Malalas (a.a. O.). Auf die Umsiedlung der Senatoren kommt der Verfasser noch ausführlich zu sprechen (§§ 63–67).

45 Die Wasserversorgung der neuen Metropole und zuvor schon für Byzantion war eine logistische Herausforderung; erinnert sei hier an die Rolle der (Quell-)Nymphen Semestre und Bizye im Gründungsmythos und ihren Kult (§§ 1.3.6.7.13). Hier dürfte es sich um die hadrianische Wasserzufuhr handeln, welche unter Konstantin wieder funktionstüchtig gemacht wurde, so auch später unter Justinian (vgl. Malalas 18,17); dazu s. Mango (1985) 20 und 40.

– Die Konstantinssäule aus Porphyrmarmor und gekrönt vom Standbild des Kaisers gehörte, wie der Patriograph festhält, zu den berühmtesten Denkmälern der Stadt, ὁ πορφυροῦς καὶ περίβλεπτος κίων. Sie dürfte (328?) nach dem Sieg Konstantins über Licinius bei Chrysopolis (324) errichtet worden sein. Zwar wurde sie später mehrfach beschädigt (vgl. hier § 45a) und umgebildet, doch sie hat die Zeiten über-

dauert und wird entsprechend oft in der byzantinischen Literatur erwähnt; für eine Zusammenstellung der Quellen s. Bassett (2006) 192–204. Die Darstellung des Kaisers als Helios gab zu allerlei Deutungsversuchen Anlass, denn der Strahlenkranz – Malalas (13,7) beispielsweise spricht von sieben Strahlen – wird mit der paganen kaiserlichen Symbolik als *Sol invictus* in Verbindung gebracht; denn so liess sich Konstantin etwa auf Münzen seiner ersten Herrschaftsjahre abbilden. Wie aber soll dies im neuen christlichen Kontext verstanden werden? Dazu bot die Kreuzesauffindung durch Helena Hand: So berichten etwa die *Patria* (II § 45), die Strahlen der Krone seien in der Tat Nägel von Christi Marterholz gewesen. Andererseits soll der Kaiser unter seiner Statue wundertätige Objekte als Talismane deponiert und dazu ein hölzernes Palladion aufgestellt haben; letzteres erwähnt auch Malalas (a.a. O.). Hierin könnte man, wird in der Forschung festgehalten, einen Synkretismus der antiken Vergangenheit von Byzantion und dem alten Rom mit der nun christlich ausgerichteten Zukunft von Konstantinopel sehen, zumal die Bevölkerung am Bosporos noch mehrheitlich heidnisch gewesen sein dürfte; zur Deutung s. Wallraff (2011).

45a Wie die Datierung in die Regierungszeit von Alexios I. Komnenos (1081–1118) zeigt, handelt es sich bei diesem Katastrophenbericht um einen Einschub, der lediglich in der späten Handschrift Vaticanus gr. 162 (16. Jh.) überliefert ist.

46 Das Senatsgebäude auf dem Forum, wo den Patrikioi ihre Ernennungsurkunde ausgehändigt wurde, erwähnen auch die *Patria* (II § 44); s. Janin (1964) 154–155, ferner Dagron (1974) 135–146 zur Institution, hier bes. 139f. Dass das Gebäude des Senats – eine aus Rom mitgebrachte Einrichtung – mit Darstellungen von Zeus Dodonaios und Athena geschmückt war, passt in den oben erwähnten Kontext eines toleranten Synkretismus. Über das Nachleben des berühmten Orakels von Dodona bis in konstantinische Zeit s. Carapanos (1878) 1,172–173.

47 Hier hat der Patriograph fast Wort für Wort aus Malalas (13,9) geschöpft, Ὁ θειότατος Κωνσταντῖνος ἐν τῇ

συμπληρώσει τῆς αὐτοῦ ὑπατείας ἔρριψεν ἐν Κωνσταντινουπόλει χάρισμα τοῖς Βυζαντίοις καλάμων συντόμια ἄρτων ἡμερησίων διαιωνιζόντων, οὕστινα ἄρτους ἐκάλεσε παλατίνους διὰ ἐν τῷ παλατίῳ ῥογεύεσθαι τοὺς αὐτοὺς ἄρτους, ἑκάστου ἄρτου ἀφορίσασς οἶνον, κρέα καὶ βέστια, ἀφορίσας πρόσοδον ὑπὲρ αὐτῶν ἐκ τῶν ἰδίων καὶ καλέσας αὐτοὺς πολιτικούς «Der göttlichste Konstantin aber liess, als sein Konsulat zu Ende ging, in Konstantinopel als Geschenk für die Byzantiner Abschnitte von Rohren unter die Menge werfen, die als Bezugsnachweis für immerwährende tägliche Brotrationen galten; diese Brote nannte er Palastbrote, weil diese im Palast ausgegeben wurden. Für jedes Brot setzte er Rationen von Wein, Fleisch und Gewandung fest; er zweigte die Ausgaben hierfür von seiner Privatschatulle ab und hiess die Zuwendungen ‹bürgerliche›.» (Thurn/Meier).

- Unter καλάμων τὰ γνωρίσματα sind die Lebensmittelmarken zu verstehen, welche man aus verholztem Schilfrohr (dem Bambus vergleichbar) schnitt und stanzte. Sie entsprechen den *tesserae frumentariae*, welche in Rom die Kaiser anlässlich von Zirkusspielen unter die Menge verteilten, so etwa Nero (Suet. *Nero* 11,2).
- In der Gesetzgebung verschob sich beim Zusammenspiel zwischen Senat und Kaiser das Gewicht immer stärker zum letzteren. In der Regel machte nun der Herrscher in der *oratio principis ad senatum* den Gesetzesvorschlag, welchem die Senatoren zuzustimmen hatten; oder diese konnten selbst, sozusagen als Anregung, dem Kaiser legislatorische Anträge (*relationes*) zur Genehmigung vorlegen. Der Senat verwandelte sich also immer mehr zu einem Gremium von hohen Funktionären, zu einer Art Gefolge des Kaisers (*comitatus*). Zu dieser Entwicklung ausführlich Dagron (1974) 142–146.

48 Hesychs knapper Bericht über die Bautätigkeit des Kaisers (oben § [41]) wird hier durch den Verweis auf die Eirene- sowie die Apostelkirche christianisierend erweitert; vgl. § 13. Zur Kirche der Hl. Eirene, deren Gründung möglicherweise auf die erste Christengemeinde in Byzanz zurückgeht, s. Dagron (1974) 392–393; über die Apostelkirche kommt der

Verfasser gleich ausführlicher zu sprechen (§ 50).

49 Der Begriff δρομικός (< δρόμος, ‹Laufbahn›) kann als ‹langschiffig› verstanden werden und deutet auf den Basilikastil. Der Bau der ersten Hagia Sophia wird in der Regel Constantius II. zugeschrieben, ihre Einweihung auf 360 datiert. Wenn der Verfasser hier Konstantin als Stifter nennt, zeugt dies vom Bestreben, die alten, berühmten Denkmäler in Konstantinopel auf den Begründer der Stadt zurückzuführen.

– Die Passage über die Standbilder stimmt wörtlich mit § 11 der *Parastaseis* überein. Woher diese antiken Statuen stammten und wo genau sie aufgestellt waren, wissen wir nicht. Aber die Lage der Sophienkirche auf der alten Akropolis, in der Nähe von Hippodrom und Residenz (vgl. § 51), würde erklären, weshalb sich so viele antike Statuen als Kultobjekt oder Stadtschmuck dort erhalten hatten.

– Die wahre Identität von Karos (hier Diokletians Stiefvater) bleibt ungeklärt; es könnte sich um den Kaiser Marcus Aurelius Carus (282/283) handeln. Im hiesigen Zusammenhang mit dem Tierkreis wird es sich bei Heron um den berühmten Mathematiker/Astronomen/Ingenieur aus Alexandria (um 200 n. Chr.?) handeln, dessen Erforschungen und Werke auch in Byzanz nachgewirkt hatten; s. DNP 5,480–483.

50 Zuerst werden zwei Kirchen genannt, welche offenbar auf alte Verehrung von zwei Märtyrern zurückgehen, Agathonikos, der mit fünf Gefährten in Bithynien/Thrakien für den Glauben sein Leben liess. Ähnlich verhält es sich mit dem heiligen Akakios, der (unter Diokletian?) in Byzanz das Martyrium erlitten hatte und dort seither grosse Verehrung genoss; zu beiden s. Dagron (1974) 393–395 und 396.

– Der Bau der Apostelkirche im Stil einer Basilika (δρομικήν) und eines Mausoleums für die Kaiser hat in der bisherigen Forschung zahlreiche Fragen aufgeworfen. Die meisten schriftlichen Quellen bezeugen Konstantin als Bauherrn, spätere allerdings seinen Sohn Constantius II. Offen bleibt demnach, ob Konstantin zuerst in der Apostelkirche begraben und später in eine angebaute Gedächtnisstätte (μνημοθέσιον) umgebettet wurde. Zur Intention des prononciert christlichen

Kaisers, wie er hier in den *Patria* dargestellt ist, würde eine Grabstätte im Kontext der zwölf Apostel passen. Mit ihnen vereinigt, ist der Verstorbene nicht bloss im Kult einbegriffen, sondern er konnotiert mit seinem Platz als ‹dreizehnter› Apostel auch den Anspruch, «christus-gleicher Imperator» (ἰσόχριστος) zu sein; dazu s. Dagron (1974) 401–408, sowie besonders Rebenich (2007) 216–244 (mit umfangreicher Literatur).

51 Dass die megarischen Kolonisten ihre erste Siedlung auf einem strategisch sicheren Ort der Βοσπόριος ἄκρα, also der Akropole, anlegten, steht ausser Zweifel und wird durch archäologische Funde belegt; s. Mango (1985) 13. Dort werden sich auch die wichtigsten Heiligtümer befunden haben. Während hier ein Zeustempel genannt wird, den später die Kirche des heiligen Menas ersetzte, heisst es bei Hesychios (§ 13, christianisierend interpoliert?), diese habe sich in der Nähe des archaischen Poseidontempels befunden. Zusammen mit den genannten Standbildern von Zeus und Kronos verrät sich hier wiederum das ideologische Bestreben des Verfassers, die Umwidmung paganer Heiligtümer in christliche Kultstätten Konstantin zuzuschreiben; dazu s. Dagron (1984) 91–93.

52 Die Mauer des Byzas und deren Erbauung mit Hilfe von Poseidon und Apollon (§ 10) gehört zwar ins Reich der Legende; aber an einer alten Stadtbefestigung, welche Severus schleifen liess, gibt es keinen Zweifel, auch wenn deren Verlauf hypothetisch bleibt. Hingegen ist sich die jüngere Forschung einig, dass der versöhnte Kaiser sie nicht wieder aufbauen liess; dazu Mango (1985) 14–15. Mit der Vergrösserung des Stadtgebiets und dessen Besiedlung ergab sich für Konstantin auch die Notwendigkeit einer erweiterten Befestigung, wie Zosimos (2,30,4) festhält. Deren Verlauf wird von Ps.-Kodinos nun ausführlich beschrieben (§ 53).

53 Zum (hypothetischen) Verlauf der Konstantinsmauer ausführlich Janin (1964) 26–31.

– Die Angabe über den Bestand der Mauer von 132 Jahren wurde offensichtlich aus einem anderen Teil der *Patria* übernommen und dort bis zu Theodosius II. (408–450) datiert, II § 54

διήρκεσε δὲ χρόνους ρλβ΄ μέχρι τῆς βασιλείας Θεοδοσίου τοῦ μικροῦ. Die hier errechneten zehn Regentschaften schliessen offensichtlich die beiden früheren Mitkaiser Maximian und Maxentius mit ein (vgl. § 56). Konstantinopel litt wiederholt unter Erdbeben, davon allein drei unter Theodosius II. (vgl. § 72). Dabei blieb auch die konstantinische Mauer nicht verschont; s. Janin (1964) 35.

– Die Kirche der ‹Gottesgebärerin vom Stab› (τῆς θεοτόκου τῆς Ῥάβδου) hat ihren Beinamen von der Legende, dass Konstantin den Stab des Moses (vgl. AT, Exod. 4,17), ein Zeichen der von Gott verliehenen Macht, nach Konstantinopel gebracht habe; s. Janin (1964) 419.

– Zur Zisterne des Bonos (τῆς Βώνου sc. κινστέρνα) s. Janin (1964) 206, ferner oben zu § 45 (Wassersystem).

54 Gegenüber der Paradosis nehmen sich § 54 und § 56, die lediglich innerhalb einer Handschriftenklasse (A) überliefert sind, als Einschiebsel aus und dürften von der vagen Zeitangabe in § 53 angeregt geworden sein.

55 Die hiesige Datierung der Grundsteinlegung der neuen Mauer (ἀνανέωσις) auf den 26. November 328 und der feierlichen Einweihung der Stadt auf den 11. Mai 330 sind als feste Daten in die Geschichte eingegangen. Wie die Kurzangabe ὡροσκόπει δὲ Καρκῖνος anzeigt, dürfte altes Überlieferungsgut über Konstantins Gebrauch eines Horoskops zugrunde liegen, was in der Spätantike und noch lange darüber hinaus auch in Byzanz gängig war; s. dazu Dagron (1984) 219–220, ausführlicher bei Berger (1988) 209–210.

56 Die Eckdaten von Konstantins Regentschaft sind stimmig: 306 zum Augustus ausgerufen und in ‹Mitherrschaft› mit Maximian (306 in die Politik zurückgekehrt, nachdem er 305 zur Abdankung gedrängt worden war) und dessen Sohn Maxentius bis 312 (Schlacht an der Milvischen Brücke); die angegebenen sieben Jahr ergeben sich aus inklusiver Rechnung. Die folgende Alleinherrschaft (μόνος) ignoriert den Rivalen Licinius, der erst mit der Schlacht bei Chyrsopolis (324) ausschied. Die insgesamt dreizehn Jahre in Rom und die neunzehn Jahr in Konstantinopel bis zum Tod Konstantins (337) ergeben also

die gesamte Regierungszeit von zweiunddreissig Jahren. Die Randglosse zu Beginn des Abschnitts (‹einem Montag der dritten Indiktion des Jahres 5838›) wurde fälschlicherweise hier eingefügt, betrifft jedoch das Einweihungsdatum am Schluss von § 55.

57 Wie schon zuvor (s. oben zu § 36) stammt auch diese Passage aus Hesychs *Patria* (§ [42]).

– Das Stama ist im Hippodrom der Platz vor der Kaiserloge, wo die Siegerehrung stattfand; so beschreiben es die *Parastaseis* § 38 εἰς τὸ στάμα εἰσῄει καὶ ἔλαβεν ἆθλα παρὰ τοῦ Κωνσταντίνου. Zur gross orchestrierten Gründungsfeier der Stadt s. Dagron (1974) 39–41.

58 Die Verehrung Konstantins als Heiliger (ἐν ἁγίοις) im christlichen Orient ist wohl im Zusammenhang mit der Grabstätte in bzw. bei der Apostelkirche (vgl. § 50 mit Komm.) zu sehen. Einerseits ergibt sich ein Anschluss an die pagane Apotheose verstorbener Kaiser, andererseits evoziert sie die Vorstellung, der christusgleiche Herrscher (ἰσόχριστος, ὁμοίωσις Χριστῷ) sei in den Himmel aufgefahren; s. Rebenich (2007) 225–227.

– Unterstützt wird die Konnotation mit den Aposteln hier dadurch, dass der Beraterstab um den Kaiser, wie er sogleich vorgestellt wird, zwölf Mitglieder umfasst. Die Liste führt Berger (1988) 212–214 auf eine anonyme Konstantinsvita des frühen 10. Jhs. zurück. Es gilt jedoch festzuhalten, dass diese Personen weder mit den gleichen Namensträgern im Teil *Über Bauten* noch mit bekannten historischen Persönlichkeiten gleichen Namens identisch sind; deren Lebenszeit liegt zwischen 350–400, weshalb sie als amtierende Zeitgenossen Konstantins nicht in Frage kommen.

– Euphratas soll den Kaiser zum Christentum bekehrt haben (§ 65), auch dies wohl legendenhaft. Das hohe Amt des παρακοιμώμενος (*praepositus sacri cubiculi*), vergleichbar mit dem eines kaiserlichen Kammerdieners, war offenbar den Eunuchen vorbehalten; s. ODB 3,1584. Was Urbikios betrifft, wurde zwar zuvor eine Urbikiospforte (§ 52) erwähnt, doch über den hier genannten Patrikios ist weiter nichts bekannt.

Dasselbe gilt für Olybrios, den πραιπόσιτος, worunter wir uns das Amt des Oberhof- bzw. Zeremonienmeisters vorstellen können; s. ODB 3,1709. Der *protovestiarius*, auch dies in der Regel ein Amt für Eunuchen, ist verantwortlich für die kaiserliche Garderobe. Bei Eutychianos, dessen Amtsbezeichnung πρωτοασηκρῆτης (Kanzleivorsteher) allerdings anachronistisch ist (s. ODB 3,1742), handelt es sich wohl um den kappadokischen Historiker. Er begleitete Kaiser Julian auf dem Feldzug nach Persien (363) und hinterliess dessen Beschreibung in einem annalistischen Werk, s. RE VI 1,1531 Nr. 4. Der Sophist/Historiker Eutropios ist wahrscheinlich der *magister epistularum* von Constantius II. und Eleusios der spätere Bischof von Kyzikos; zu beiden s. PLER I 277 und 317. Die Bezeichnung ῥήτωρ weist auf den bekannten Sophisten Troilos, der in Konstantinopel lehrte und im Briefverkehr mit Synesios von Kyrene stand, s. PLER II 1128. Mit dem Stenographen Hesychios kann kaum der Historiker aus Milet gemeint sein (anders Berger [1988] 214). Der Titel ταχυγράφος weist den Träger eines weit verbreiteten Namens der späteren Palastbürokratie zu.

59–60 Die beiden Abschnitte beschreiben gleichsam in einem Rundgang den Gebäudekomplex der Residenz, auch ‹Grosser Palast› genannt; eine ausführliche Beschreibung gibt Janin (1964) 106–122. Ob darin tatsächlich die konstantinische Anlage zu erkennen ist, bleibt unsicher; denn mit der Zeitangabe zu den beiden Herrschern Nikephoros II. Phokas (963–969) und Johannes Tzimiskes (969–976) ist ein Terminus post quem der Beschreibung gegeben, und eine «Rückdatierung eines jüngeren Gebäudes oder eines jüngeren Namens auf einen alten Bau» ist nicht auszuschliessen, so Berger (1988) 216.

– Die Bezeichnung Chalke (< χαλκός ‹Erz›), die prachtvolle Vorhalle (ἡ Χαλκῆ πύλη) zur Residenz, könnte auf die vergoldeten Erzziegel oder ehernen Tore zurückgehen, wird dann aber auf den Bezirk rund um diesen Haupteingang ausgedehnt; s. Janin, a. O. 110–111. Verewigt ist das Gebäude literarisch in einem anonymen Epigramm (*Anth. Pal.* 9,656),

welches Anastasios I. (491–518) als seinen Stifter und Aitherios als seinen Architekten nennt.

- Der Eingang zur Residenz wurde streng bewacht; so befanden sich in seiner Nähe die Exkubita (Kaserne) der kaiserlichen Garde (*excubitores*) und befand sich dort auch die Behausung einer weiteren kaiserlichen Wache (Σχολαί, was sowohl das entsprechende Regiment als auch deren Kaserne bezeichnen kann); dazu Janin a. O. 111–112.
- Diese Apostelkirche befindet sich innerhalb der Residenz und ist nicht identisch mit der gleichnamigen Basilika (§ 50).
- Zum Kuppelbau der Sieben Leuchter und dem weiter in seiner Funktion nicht definierten Tribunal s. Janin, a. O. 112.
- Die Νούμερα ist die Behausung einer weiteren Garde (*numeri*) und diente später als Gefängnis, s. Janin, a. O. 169–170.
- Die Halle der neunzehn Speisesofas (τὰ Ἀκούβιτα < *accubitio/accubare*) war ein Festsaal, wo der Kaiser Bankette ausrichtete und man nach antiker Manier auf Sofas zu Tische lag, s. Janin a. O. 112. Wahrscheinlich in dessen Nähe befand sich der Kranzsaal, denn das ist wohl unter Στέψιμον (< στέψις < στέφανος) zu verstehen, und welchen Liutprand von Cremona in seinem Bericht über die erfolglose Gesandtschaftsreise zu Nikephoros II. Phokas (968) als «Στεφάνα, *id est Coronaria*» (3) beschreibt. Die Stephanoskirche war ursprünglich eine Reliquienkapelle und im Winter entsprechend weniger kalt; s. Berger (1988) 217.
- Die Magnaura, von Liutprand (*Ant.* 5) als *magna aura* erklärt, war für den Empfang der auswärtigen Gesandten bestimmt und sollte durch seine Pracht entsprechend beeindrucken; s. Janin, a. O. 117–118. Über die palastinterne Christuskirche bleiben wir im Dunkeln.
- Es folgt der Finanzbereich, wobei das Genikon den Staatsschatz (< γενικός ‹allgemein›), das Idikon (< ἴδιος ‹eigen›) das Privatvermögen des Kaisers beherbergte, s. Janin, a. O.173–174. Dann die kaiserliche Garderobe (*vestiarium*), deren Oberkämmerer Michael genannt worden war (§ 58). Was die Kavallerie und deren Quartier betrifft, wird man gegen Preger (Καβαλλάριν) dem Parisinus suppl. gr. 657 (G) folgen

und τῶν Καβαλλαρίων (< *caballarius* ‹Berittener›) lesen, was in späteren byzantinischen Autoren über Kriegskunst gut belegt ist. Eine halbrunde Säulenhalle, welche die Form eines lunatischen Sigmas hat. Auch beim folgenden Gebäude leitet sich der Name Ὠάτον (< ᾠόν ‹Ei›) von der Form, einer eierförmigen Kuppel, ab; zu beidem Janin a. O. 112 und 424. Der Bau der Νέα (ἐκκλησία) geht nachweislich erst auf Basileios I. (867–886) zurück; s. Dagron (1984) 269. Für das Eiserne Tor überliefert das Buch *Über Bauten* ein Aition (§ 132). Über das Alter und die Ausstattung des Spiegelbades ist weiter nichts bekannt, s. Janin a. O. 218.

– Mit Geranion ist offenbar eine Örtlichkeit innerhalb der Residenz gemeint, doch schweigen sich die Quellen über seine Art und Funktion aus. Zur Werkstatt der Schlosser (speziell für goldene Schlösser, wie das Vorderglied χρυσο- anzeigt) s. Janin, a. O. 98. Bei der kirchlichen Verwaltungsstelle der Nea (Οἰκονόμιον) befand sich nicht bloss ein Feld für das Polospiel (Τζυκανιστήριον), sondern auch ein feudales Bad (μέγα λοετρόν), welches Johannes I. Tzimiskes (969–976) abbauen liess, um aus dem Material seine Residenz zu erneuern; dazu Janin, a. O. 118–119 und 221.

61–62 Das Hippodrom war einer der spektakulärsten, wichtigsten Bauten Konstantinopels und zugleich politisch konnotiert; dort wurden nicht bloss die Wagenrennen und athletischen Kämpfe ausgetragen, sondern auch im Kontext der Zirkusfaktionen Sympathie oder Antipathie gegenüber dem Kaiser manifestiert; s. Janin (1964) 183–194, hier 183f.

– Mit § 61 schliesst der Verfasser an § 40 an. Und wenn er erwähnt, Konstantin habe als erster Wagenrennen und athletische Wettkämpe (γυμνικὸν καὶ ἱππικὸν ἀγῶνα) eingeführt, nimmt er die Auflösung des Rätselspruches aus dem Philosophengespräch bei Severus und Niger auf (§ 38). Zur Sphendone s. oben zu § 40; zu den Wendemarkierungen (mit den Rundenzählern) s. oben § 35.

– Die Statue, die angeblich Bellerophon darstellt und aus Antiocheia eingeführt wurde, gibt Rätsel auf, zumal ihr in der hauptsächlichen Überlieferung Eselsfüsse (ὀνικούς, so auch

Preger) zugeschrieben werden. Es dürfte sich um einen Überlieferungsfehler handeln, denn viel besseren Sinn ergibt ὀνύχους (‹Hufe›). Wie in den *Patria* II (§ 47) berichtet, stand auf dem späteren Forum Tauri des Theodosius I. eine grosse Reiterstatue ἔφιππος μεγαλιαῖος, die, wie auch hier angegeben, aus Antiocheia am Orontes stammte und nach verbreiteter Meinung Bellerophon auf dem Ross Pegasos darstellte. Ein Charakteristikum des Flügelrosses war der Huf, mit welchem er die Quellen Hippukrene und Peirene schlug; s. Bassett (2006) 208–211.

63–67 Dieser Abschnitt ist die romaneske Ausführung dessen, was in § 44 angekündigt worden war und auf die Patria des Hesychios (§ [40]) zurückgeht.

– Wie die Namen der zwölf Mitglieder im Beraterstab des Kaisers (§ 58), geht auch hier die Liste der zwölfköpfigen Gesandtschaft an den persischen König auf die späte anonyme Konstantinsvita zurück und konnotiert die Gleichzahl mit den zwölf Aposteln. Die Legende über den Umzug der römischen Senatoren ist wichtiger Bestandteil der Gründungsgeschichte, der Gleichwertigkeit der neuen Kapitale mit Rom und den politischen Institutionen; ausführlich darüber Dagron (1974) 120–124, hier 121f. Historisch zuverlässige Quellen, dass die hier namentlich aufgeführten zwölf Amtsträger tatsächlich Konstantins Zeitgenossen waren, gibt es nicht; wie im Fall der Berater (§ 58) handelt es sich um Persönlichkeiten aus der zweiten Hälfte des 4. Jhs. Nichtsdestoweniger erhöht die konstruierte Nähe zu Konstantin das Ansehen der Zwölfergruppe und der vom Kaiser gesponserten Immobilien, wenn der Patriograph deren jeweiligen Nachbesitzer anführt (§ 67). Die Angaben über die Besitzerverhältnisse sind teilweise auch in die Schrift *Über Bauten* (III) eingegangen. Dies betrifft die folgenden Namen: Addas (III 36; s. PLRE I 13), Protasios (III 23, s. PLRE I 752[?]), Philoxenos (§ 67; PLRE I 698 Nr. 2[?]), Domninos (§ 67; PLRE I 265 Nr. 2); Probos (§ 67; III 99); Dareios (§ 67; PLRE I 243); Mauros (§ 67; PLRE I 570 Nr. 1[?]); Rhodanos (§ 67; PLRE I 764); Modestos (§ 67; PLRE I 605 Nr. 2); Eubulos (§ 67; III 120 und 122); s. ferner Berger (1988) 221–226.

– Der richtige Name des persischen Königs Σαβώρης/Σαπώρης (Shapûr/Sapor II.) wird verwechselt mit Sarbaros (Σάρβαρος/Σαρβαραζᾶς), dem Armeegeneral unter Chosroes II., zur Zeit von Kaiser Herakleios (610–641). Dieselbe Verwechslung findet sich im Teil *Über die Erbauung der Hagia Sophia*; was es mit den Tributen (hier § 65) auf sich hat, wird dort erklärt: § 25 ὁ γὰρ μέγας Κωνσταντῖνος ἐτύποσεν <πάκτα λαμβάνειν> ἀπὸ Σαρβάρου Περσῶν βασιλέως καὶ ἑτέρων πολλῶν (‹denn Konstantin der Grosse verfügte, dass vom persischen König Sarbaros und von vielen anderen Tributzahlungen einzuziehen seien›).

68 Es handelt sich um die vier Verkehrsadern der Stadt, welche möglicherweise bereits Konstantin anlegen liess, jedenfalls ins 4. Jh. zu datieren sind. Während die erste parallel zum Horn verläuft, befindet sich die zweite im Süden, also entlang der Propontis. Bei der dritten von der Residenz und vom Milion zum Forum des Konstantin handelt es sich offenbar um die Verlängerung einer severischen Vorgängerin; sie führen durch das Zentrum und bilden die Triumphstrasse. Die Säulengänge schützen die Passanten nicht bloss vor Regen und Sonne, sondern laden auch zum Flanieren ein; s. Janin (1964) 31 und 87–94 (Verzeichnis der Säulengänge).

69 Auf die Wasserversorgung der Stadt kam bereits Hesychios zu sprechen (§ 7), und die Herleitung aus Bulgarien könnte gar auf die dort genannte mythische Quellnymphe Bizye hinweisen. Mehrfach werden in den *Patria* die zahlreichen Zisternen der Stadt erwähnt; vgl. § 67, dazu Janin (1964) 201–215 für ein Register der rund vierzig namentlich bekannten Wasserspeicher, für welche hier stellvertretend die ‹Wasserverteiler, μ' ὑδρῶνες› stehen. Die Begründung für den Bau der tiefen Abwasserkanäle bestätigt die Fürsorge des Kaisers und seines Beraterstabes (vgl. §§ 58. 70) für die Gesundheit und das Wohl der Bevölkerung.

70 Wie bereits zuvor in den *Patria* wird auch hier ein späteres historisches Ereignis auf Konstantin zurückdatiert. Von den aufgezählten Städten weisen die ersten zwei, Persthlaba und Distra (besser Dristra?) auf den erfolgreichen Feldzug,

welchen Johannes I. Tzimiskes 972 gegen die Bulgaren (~ Skythen) führte; s. Zonaras III 13, hier S. 522. 529. 530 Büttner-Wobst. Wie Berger (1988) 230 anmerkt, ist die politische Tendenz der Stelle eindeutig. «Sie soll die Rückeroberung Bulgariens als Wiederherstellung des alten Römerreiches propagieren».

71 Sofern sich Armatios auf den Verräter von Basiliskos und Unterstützer von Zenon (474–491) bezieht, befinden wir uns im 5. Jh., also wiederum deutlich nach Konstantins Zeit; zur Örtlichkeit s. Janin (1964) 314.

– Die Κωνσταντιαναί und τὰ Κώνσταντος werden hier ausdrücklich als die Paläste bezeichnet, welche Konstantin für seine drei Söhne erbauen liess; s. Janin (1964) 372–373. Dass es sich hier um Repräsentationsbauten handelt, wird durch die Folgebesitzer unterstrichen, welche Berger (1988) 231 als historische Persönlichkeiten zu bestimmen sucht; zu Iberitzes und Tubakes s. Janin a. O. 354 und 436.

72 Dagron (1974) 28 datiert das erwähnte Erdbeben auf den 25. September 437, was nicht mit dem fünften Regierungsjahr von Theodoius II. (408–450) übereinstimmt, aber mit dem fünften Amtsjahr des Patriarchen Proklos sowie der Einführung des Trishagion in Übereinstimmung gebracht werden kann; so Berger (1988) 433. Der gesungene Hymnus ἅγιος ὁ Θεός, ἅγιος ἰσχυρός. ἅγιος ἀθάνατος, ἐλέησον ἡμᾶς zählt zu den ältesten christlichen Hymnen und ist auch heute noch Bestandteil der orthodoxen Liturgie. Die Erwähnung der syrischen monophysitischen Sekte der Amalekiter bzw. Jakobiten und der ikonoklastischen Glaubensgemeinschaft der armenischen Chatzitzarier ist arg anachronistisch, für eine Leserschaft des 10. Jhs. hingegen nichts Unbekanntes. Als Häretiker verbannt wurden sie deshalb, weil sie dem Trishagion die ausschliesslich auf Christus bezogene theopaschitische Formel σταυρωθεὶς δι' ἡμᾶς (‹gekreuzigt für uns›) anfügten und dadurch das Erdbeben provoziert hatten. Zum Trishagion s. ODB 3,2121.

– Die Bittprozession führte auf das Feld des Tribunals, also auf den Exerzier- und Paradeplatz der kaiserlichen Truppen

sowie der Volksversammlungen, vergleichbar dem Campus Martius im alten Rom. Sein alternativer Name Ἕβδομον bezeichnet wohl die 7 Meilen Entfernung vom Milion; s. Janin (1964) 446–449. Wie das Buch *Über Bauten* (§§ 144–145) berichtet, soll Konstantin dort eine Basilika zu Ehren des Evangelisten Johannes errichtet haben, Theodosius I. eine Kirche zu Ehren von Johannes dem Täufer.

73 Den hier erwähnten Mauerverlauf (vgl. auch § 53) kommentiert ausführlich Janin (1964) 26–31, hier 28–29.

– Das Exakionion erklären die *Patria* II (§ 54) als eine Säule mit einer Statue Konstantins, welche sich ausserhalb (ἐξ-) der Mauer befand. Kurz darauf folgt im gleichen Bericht (§ 58) – gleichsam eine Dublette zum hiesigen Schlussabschnitt – eine Beschreibung der Goldenen Pforte mit den Standbildern der Elephanten, welche Theodosius II. aus dem athenischen Arestempel heranschaffen liess, und der Hinweis auf den Mauerbau durch die Zirkusfaktionen; zu den Monumenten ausführlich Janin (1964) 269–272 (Goldene Pforte), 347 (Elephantentor) und 351–352 (Exakionion).

Bibliographie

Ausgabe

Th. Preger, *Scriptores Originum Constantinopolitanarum* I-II. Leipzig 1901–1907 (Nachdruck 1989).

Abkürzungen

DNP *Der Neue Pauly*
ODB *The Oxford Dictionary of Byzantium*
PLRE *The Prosopography oft the Later Roman Empire*
RE *Paulys Realencyclopädie der classischen Altertumswissenschaft*. Neue Bearbeitung 1893–1980.
TIB *Tabula Imperii Byzantini*

Sekundärliteratur

Bassett ([2]2006): S. Bassett, *The Urban Image of Late Antique Constantinople* (Cambridge).

Berger (1988): A. Berger, *Untersuchungen zu den Patria Konstantinupoleos.* Ποικίλα Byzantina 8 (Bonn). (Mit deutscher Übersetzung von §§ 51–73).

Berger (2013): A. Berger, *Accounts of Medieval Constantinople. The* ‹Patria›, Translation (Cambridge, Mass./London).

Billerbeck (2006–2017): M. Billerbeck et al., *Stephani Byzantii Ethnica*. Corpus Fontium Historiae Byzantinae, Series Berolinensis 43 (Berlin/New York/Boston).

Billerbeck (2023): M. Billerbeck, Dionysios von Byzanz, *Anaplus Bospori.* Einleitung, Text, Übersetzung und Kommentar. Schweizerische Beiträge zur Altertumswissenschaft 59 (Basel/Berlin).

Birley (1999): A. R. Birley, *Septimius Severus. The African Emperor* (London/New York).

Blass/Debrunner/Rehkopf ([14]1975): F. Blass/A. Debrunner/F. Rehkopf, *Grammatik des neutestamentlichen Griechisch* (Göttingen).
Carapanos (1878): C. Carapanos, *Dodone et ses ruines* (Paris).
Dagron (1974): G. Dagron, *Naissance d'une capitale. Constantinople et ses institutions de 330 à 451* (Paris).
Dagron (1984): G. Dagron, *Constantinople imaginaire. Études sur le recueil des «Patria»* (Paris).
Hunger (1978): H. Hunger, *Die hochsprachliche profane Literatur der Byzantiner*, Bd. 1 (München).
Inventory (2004): M. H. Hansen/Th. H. Nielsen (Hrsg.), *An Inventory of Archaic and Classical Poleis* (Oxford).
Janin ([2]1964): R. Janin, *Constantinople byzantine. Développement urbain et répertoire topographique* (Paris).
Kaldellis (2005): A. Kaldellis, ‹The Works and Days of Hesychios the Illoustrios of Miletos›, in: *Greek, Roman, and Byzantine Studies* 45, 381–403.
Kaldellis (2007): A. Kaldellis, Art. ‹Hesychios of Miletos›, in *BNJ* 390. (Griechischer Text, englische Übersetzung und Kurzkommentar).
Mango (1985): C. Mango, *Le développement urbain de Constantinople (VIe-VIIe siècles)* (Paris).
Mango (2003): C. Mango, ‹Septime Sévère et Byzance›, in: *Comptes rendus des séances de l'année. Académie des inscriptions et belles-lettres* 147/2 (2003) 593–608.
Müller-Wiener (1977): W. Müller-Wiener, *Bildlexikon zur Topographie Istanbuls: Byzantion, Konstantinupolis, Istanbul bis zum Beginn des 17. Jahrhunderts* (Tübingen).
Nielsen (1990): I. Nielsen, *Thermae et Balnea. The Architecture and Cultural History of Roman Public Baths* (Aarhus).
Piepenbrink (2011): K. Piepenbrink, ‹Das «Neue Rom» am Bosporos›, in: K. Ehling/G. Weber (Hrsg.), *Konstantin der Grosse. Zwischen Sol und Christus* (Darmstadt/Mainz), 82–88.
PLRE (2005): P.M. Fraser/E. Matthews (2005): *A Lexicon of Greek Personal Names*, Bd. IV Macedonia, Thrace, Northern regions of the Black Sea (Oxford).

Rebenich (2007): St. Rebenich, ‹Vom dreizehnten Gott zum dreizehnten Apostel?›, in: H. Schlange-Schöningen (Hg.), *Konstantin und das Christentum*. Neue Wege der Forschung (Darmstadt), 216–244.

Russell (2017): Th. Russell, *Byzantium and the Bosporus. A Historical Study, from the Seventh century BC until the Foundation of Constantinople* (Oxford).

TIB 12 (2008): A. Külzer, *Ostthrakien (Europē)* (Wien).

TIB 13 (2020): K. Belke, *Bithynien und Hellespont* (Wien).

Wallraff (2011): M. Wallraff, ‹Konstantins «Sonne» und ihre christlichen Kontexte›, in: K. Ehling/G. Weber (Hrsg.), *Konstantin der Grosse. Zwischen Sol und Christus* (Darmstadt/Mainz), 42–52.